ちくま新書

教えることの復権

大村はま
Omura Hama
苅谷剛彦・夏子
Kariya Takehiko・Natsuko

399

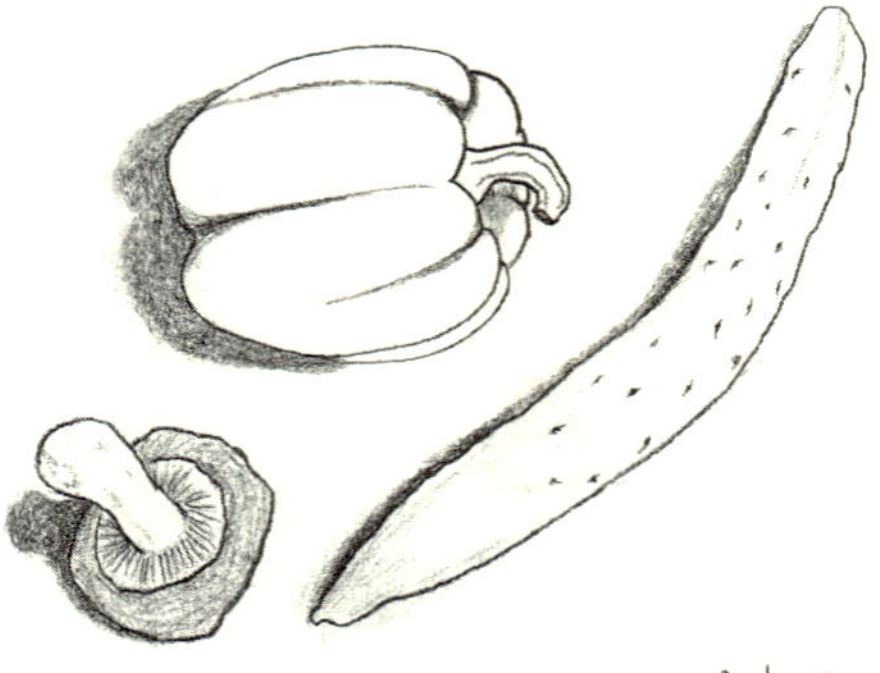
Asako K.

教えることの復権【目次】

はじめに

この数年、日本の教育界のキーワードは、「学び」であり「学習」である。子どもたちの自主的、主体的な学習をもっと大切にしようと、「教える」ことよりも、「学ぶ」ことに、より重点を置いた教育観の転換が起きている。これまでの教育が、「詰め込み」や「教え込み」に偏ってきたことへの反動からであろう。学びをキーワードとした教育の考え方は、「自ら学び、自ら考える力」＝「生きる力」を育むことを主眼とした、現在進行中の教育改革を支える重要な柱にもなっている。

なるほど、一方的な教え込みや詰め込みの教育から、子どもが自ら学ぼうとする意欲を大切にした教育への転換は必要なことのようにみえる。ただ、それがスローガンとしてもてはやされる陰で、子どもが学ぶ上での教師の役割が軽視されすぎていないか。単純な教え込みや詰め込みと区別されてしかるべきはずの、子どもの学習をしっかりと指導する教師の役割がないがしろにされていないか。教師の教える力が衰退し、「教えない教師」が増え、一見、主体的に「いきいき、のびのび」と子どもたちが学んでいるように見える教室で、子どもはどのような力を獲得しているのか。そこにまで目が届かないまま、学びが称揚されている。「なぜ子どもは勉強しなければならないのか」という疑問が学校や教師の無力さを印象づける一方で、私たち大人や教師たちは、「なぜ教えるのか」という問いに正面から向き合ってきたのだろうか。

本書は、はやりの教育観に振り回されることなく、もう一度「教えるということ」を正面からとらえ直すために、一人のすぐれた教師と、かつての生徒との対話を中心に編まれたものである。むずかしい教育論ではない。しっかりと教えることに専念してきた教師と、そこで学んだかつての生徒とが、教えること、学ぶことから、どんな力をつけさせ、どんな力をつけたのか。それを具体的に描き出し、再現しようとした教室の物語である。

教師の名は、大村はま。戦前、長野や東京の高等女学校で教えていた大村は、新制中学校の誕生とともに、新しい社会の建設にはことばの教育が重要だとの思いにかられ、焼け野原となった東京下町の中学校に赴任した。以来、三〇年以上にわたり普通の公立中学校の教壇に立ち、国語という教科を通じて、今の総合学習にも通じる単元学習を続けた。

その実践は、『大村はま国語教室』(全一五巻別巻一、筑摩書房)として知られ、若い教師のための講演記録『教えるということ』(共文社、ちくま学芸文庫)や『教室をいきいきと』(ちくま学芸文庫)といった著書も広く読まれている。生徒一人ひとりの学びを重視するその授業は、教師として大村が教えることにつねにきびしく向き合ってきたからこそ可能であった、そういう実践である。戦前、戦後を通じて、教室という場から教育を見てきた大村が、今の学校を、教師をどのように見ているのか。このすぐれた教師との対話をもとに、教えること、学ぶことについて、もう一度考え直してみたい。一人ひとりの判断力や問題解決能力が求められる時代だからこそ、教えることの意義をよりリアルに見直してみることが大切だ、と考えるからである。

今から三〇年以上も前の教師と教え子との出会いが、この本の出発点にある。本書のもう一人の著者であり、実質的にはプロデューサー役となった苅谷（旧姓・前田）夏子は、大村教室の生徒の一人である。

大村の教えることへのこだわりやその教育実践の現代的な意味を、生徒の立場から見直してみたい、ことばの力を身につけた中学時代の学習の意味を問い直してみたい、大村国語教室のあのときの姿を今という時代によみがえらせてみたい——とくに二〇〇一年九月一一日以後、そうした問題意識を強く持つようになったことが本書のプロデュースにいたった動機であった、という。

大村ほどの教師であれば、その実践を教育研究者の立場から分析した専門書は数多い。

自らの実践記録も前述の全集に収められている。それにくらべ、学んだ側からその実践をとらえ直そうとしたものは、不思議なことにこれまでなかった。学んだ側が、その後の人生をふまえた上で、教えられたことの意義をとらえ直す。そういう試み自体が、ほかのすぐれた教育実践家の場合を含めても、ほとんどないのである。その意味で、教育実践について語る書物としてみても、本書はユニークなものといえるだろう。自分の生徒が一人前の大人に成長したとき、教室を振り返って、何をどのように教えられたと判断するのか、時を経ても生徒に残るものは何か、——目の前の子どもに追われてばかりいると忘れてしまいがちだが、どの教師にも、一度は想像してみてほしい視点である。本書は、そういう視点から、教えることの意味を考えてもらいたい、そんな願いを込めた本でもある。

苅谷夏子は、私（剛彦）の妻でもある。教育を社会学の立場から研究してきた私は、家にあった大村の本を自然に手にし、読んできた。自分の大学教師としての実践にも生かしてきたつもりだ。私自身は、教育社会学という専門的な立場から今の教育改革にさまざまな問題提起を行なってきたが、前述の問題意識を夏子から知らされたとき、これまでとは違う立場から、この本づくりに参加しようと思った。

私は、教育学者ではないし、国語教育の専門家でもない。教育学部には属しているが、社会学という社会科学の一分野から、教育についての研究をしている。したがって、大村の教育実践について語るとしても、国語教育の実践としての意味づけを専門的な立場から行なうことはできない。それでも、大学で教える一人の教師として、教育について考える一人の大人として、この本づくりに加わりたいと思った。教えることの意義を問い直すことが、今求められているという点で、大村の考えに強く共感したからである。

私自身、教育について語るときには、実証的な社会科学の立場に立つ専門的研究者として、できるかぎりデータに基づいてものを言うことを心がけてきた。それだけに、本書の共著者に加わることは、冒険だった。データ分析によるのではなく、自分の経験や自分の考え方をもとに、対話に加わることになるからだ。それでも、かつての教師と生徒との対話を手がかりに、今の教育界で忘れられかけている「教えること」の力、教えることのなかでこそ広がり深まる「学ぶこと」の充実といった問題を考えてみたい。私自身、一教師という立場から、この対話に加わってみたいと思ったのである。こうして、この本がつくられることになった。

第一章から第三章までは、生徒の視点から見た大村国語教室の描写と、大村と夏子との対話をもとに、大村が教えようとしたこと、教えるためにしたことが具体的に描かれ、そして、それを生徒がどのように学んだのかが再現される。第四章では、その対話に私が加わり、大村実践の現代的な意味をテーマに話が展開する。そして、第五章では、それらを受けて、一人の大学教師として、教えることの復権をめざすにはどうすればよいのかについて、私の考えを示した。このように本書は、文字通りの合作である。

私たちは、なぜ子どもたちを教えるのか。子どもたちの学ぶ意味を問い直すためにも、まずは私たち大人が、この問いに正面から向き合わなければならない。そこから、今の教育を考え直す糸口も生まれるだろう。そういう願いを込めた本だが、まずは、大村の教える教室がどんなものだったのか。教え子の目を通して再現された教室の様子を知ってもらうだけでも、今の教育に一石を投じることになるだろう。そう確信している。

二〇〇三年一月

著者を代表して　苅谷剛彦

序章

「大村はま国語教室」への扉

苅谷夏子

上條結香（中学1年）

†「どうも国語はなまぬるい」

小学生の頃、私は国語という教科が好きになれなかった。苦手というわけではない。どちらかと言えばまじめな、一生懸命な子どもであったから、言われれば漢字の練習もする。辞書をひいてことばの意味を調べたりもする。国語の教科書を読むのもけっこう好きだった。それでも、高学年になった頃から、どうも国語は好きじゃない、と内心思っていた。あのころどんなふうに考えていたか、思い出してみる。

算数や理科はいい。きのうまで知らなかったことが、今日はわかったり、納得できたりする。このページを勉強し終えたときに、何がわかっていればいいのか、小学生の目にもそれははっきりとしていた。何をすればいいのかさえわかれば、勉強もそれほど辛いことではなく、前向きな気持ちで取り組むことができる。順序立てて考えないと答えが得られないような算数のこみいった問題を、苦心の末に解いたときなどは、それは晴れ晴れとうれしかった。もうこれが正解に決まっていると、自分でもわかる。そういう明快さは心地よいものだ。もちろんむずかしすぎてわからないこと、高級すぎて先送りにするしかないことも山ほどあったが、それでもいつかはきっと理解できる日がくるだろうと思っていた。

勉強して、進歩する、というイメージを描くことができた。この進歩のイメージは、小学生にはうれしく、輝かしいものだった。

でも国語はちがう、と、十一、二歳の私は思っていた。漠然とではあったが。どうも国語はなまぬるい。そもそもこの日本語ということばならば、もうけっこうよく知っている。生まれてすぐから、このことばを聞いて育ち、毎日それを使って人と話をし、新聞や本を読んだりすることもできる。そうしたことが国語の力なのだとしたら、いつのまにかそれくらいのことはできるようになっていた。たいして国語の授業のお世話になぞなっていない。新しい漢字や、ちょっとむずかしそうなことばを、教科書の順に従って習ってはいるが、そんなのは大したことじゃない。私は不機嫌にそう思っていた。

子どもの頃は、自分でもわけがわからないうちに、なんとはなしに不機嫌になることがあったものだ。たとえばあんなに楽しみにしていた正月、お雑煮を食べ、お年玉をもらってしまうと、みるみる風船がしぼむように何かが消え失せ、不機嫌な気持ちがわいてくる。そういう気持ちの変化を、その頃は説明もできず、自分でも持て余していたものだった。周りの人も困ったことだろう。だが、大人になってから思い返してみると、ただのわがままとばかりは言えない、もっともな原因がちゃんとあったりする。ある程度はしかたのなかったことだったりする。そして国語に対する不機嫌にも、それなりの理由はあったのだ、と大人になった私は、小学生の頃の自分を守ってやりたくなる。

†授業のありがたみがわからない

たとえばまず、教科書の文章を順々に読んでいって、新出漢字と語句を覚え、短文を作り、段落ごとに要旨を二〇字以内かなにかで書き、主人公の気持ちの変化を表にする、そういうことをひたすら延々と繰り返すことに、私はすっかり飽きていた。いかにもつまらなそうな棒読みで一段落ずつ交替に音読していくのも、決まった作業だったが、はじめて読んだときには面白くて思わず引き込まれたような文章も、そんなふうにして読むと面白くもなんともない。あれでは書いた人が気の毒なくらいで、家で一人で読んだほうがよほど楽しい。そういう決まったルーティーンを繰り返しながら一編ずつ文章を読んでいく授業が、なんともいえず退屈だった。

その上、くりかえされる授業がいったいなんの勉強になるのか、いつもよくわからなかった。教科書の文章そのものを心に留めておくようなことはめったにない。せいぜい、いくつかの漢字を覚えるというような些細な前進しか、実感できずにいた。

それから、問いに対しての正解の基準が、しばしば釈然としなかったのは、大きな不信のもとになった。特に文学作品が教材だったときには、当たるも八卦、当たらぬも八卦、というような感じである。自分の答えが正解であったとしても、もともとが勘を頼りに答えただけなのでそううれしくもない。誤答であっても、では次からはどうしたらいいのかわからない。せっかく自信を持って答えられるような問いがあっても、そういうときは一転してあまりに自明な問題だったりして、逆に、いったい何が聞きたくてこの問題はあるのだろう、と出題の意図を疑いたくなる。じっくりと考えた末に、根拠を持って答えて、堂々、正解に達するという達成感が希薄なのだ。

詩の解説などを読む折には、詩というものはとうてい自分には理解できない、手が届かないものだとまで思わされてしまうことが多かった。「第二連では、自然にわき出るようなあこがれが表わされている」などと解説されても、いったいどこにそんなことが書いてあったのか、どうして自分には、まるでそれが伝わってこないのか、情けなくなってくる。そのたびに少しずつ自信をなくしていくのだ。

登場人物の心情を汲み取りながら読む、というような学習も、苦手だった。今思えば、ウェットな心情論をあやふやに言い合うことを、漠然と疑っていたのだろう。「行間を読む」という読書法は、一つ間違えれば眉唾物ではないか。実際、常識や道徳的な判断までが入り乱れてしまい、授業がしばしば混乱した。どうも、これは「勉強」というものとは少しちがうぞ、と私は内心思っていた。

だいたい、新しいことばに出会って、妙に気に入り、一度で覚えて使ってみたりするのは、たいていは国語の授業とは関係のない場面で起きるのではないだろうか。そういうときは、不思議にちゃんと間違いなく覚えられ、うまく使えるものなのだ。だからよけいに、国語の授業のありがたみが感じられない。唯一、存在感のあった「新出漢字」ですら、あまり習ったという気はしない。自分で努力して覚えただけのことである。

そんなこんなで、不機嫌だったのだ。生意気ではあるが、まあ同情できる点も多いではないか。こんな心境で教室に座っている子どもは、日本中に今もたくさんいるのではないだろうか。おとなしく座って授業に参加しているのは、おとなしくしていようという健気《けなげ》な気持ちがあるからで、純粋に向学心からそうしているのではない。残念なことではあるが、しかたがない。私の不機嫌も容易にはおらず、私にとって国語という教科は、わけのわからないものであり、同時に甘っちょろいものだった。

†小柄な女性教師との出会い

そのまま、私は中学生になった。相変わらず理数系のほうが肌に合うと思っていた。一年生の夏休み、父の転勤に伴い石川県金沢市から東京都大田区へと引っ越して、区立石川台中学校に転入することになる。夏休み明けのじりじりと暑い日、私は国語教室として使われていた図書室で、当時六十三歳だった国語教師大村はまに出会った。

「起立、礼、着席」というのが、まず、なかった。先生がにこやかに挨拶をして、すんなりと授業は始まった。六十三歳の小柄な女性教師は、十三歳の目からは、相当年輩者のようにも見えたが、同時に不思議なほど活力というか、迫力というか、なにか強いものを感じさせる人でもあった。教室となっている図書室を飛んで歩くような勢いだった。

「約束の宿題がありましたね。今日が提出日でした。ここに全部そろっているという人が多いでしょうが、中には、これとこれは今日提出するけれども、これは少し遅れる、というような人もいるかもしれません。この紙に、何々を提出するという事情や予定を書いて、宿題に添えて出しなさい。中学は大人になる練習をするところなんだから、友達どうしで『どう書いたらいいの』なんておしゃべりしないで、黙ってなさい。さあ、どうぞ」

てきぱきと明るい、それでも毅然とした調子だった。おしゃべりしないで、と言われて、確かに同級生たちは黙って小さな紙に向かっている。私の前にもその紙はあったが、どうしたらいいのだろう。前日に転入したばかりで、この先生にはあいさつもしていない。宿題のことなど、まったく知らない。私に落ち度はないけれど、でも心細い。特別扱いしてほしいくらい、心細い。といって自分だけ騒ぎ立てたくもない。私は考えた末に「転校してきたばかりなので、何も提出できません」とだけ書き、名前を添えて、みんなに交じってその紙を出した。

全員が提出を終えると、もう宿題の話はおしまいだった。期日に全部そろわないのはいけないというようなお説教はない。叱られた生徒もない。事情を書いた紙のやりとりが行なわれただけだ。その空気は、スマートで大人っぽい感じがして、私は少し圧倒された。生徒は、落ち度があれば先生にがみがみと叱られるもの、そんな感覚しか持っていなかったから、この光景は新鮮だった。

その後の三〇分ほどは、夏休み中、先生が訪れたヨーロッパのおみやげ話を聞くことになった。なあんだ、休み明けのおまけのようなものかと思った。

ところが、そのおみやげ話は、図書室の蒸し暑さや、転校生の身の心細さを忘れるほど、面白かった。話題が豊富で、しかも知的で、その描写はまるで目に浮かぶようだった。昭和四四年のことであるから、中学生にとってヨーロッパ旅行など、果たせそうもないほど遠い夢だった。だからなおさらその旅の話は、終わるのが惜しいほど心ひかれた。全員に一枚ずつ、絵はがきのおみやげがあり、私は、窓ごとに美しいゼラニウムが飾られた、ドイツの町並みを写したものをもらった。その一枚のはがきをとても大切に思った気持ちを、今も覚えている。

こんなに話のじょうずな先生なのに、普通の国語の授業がいったん始まってしまったら、もう面白い話をしてもらう機会はないんだろうか。最初の授業のおしまいに、私はそんな変な心配をし、終わってしまった楽しいひとときを惜しんだ。


そして、この最初の日のエピソードには、後日談がある。

次の日だったろうか、クラスメイトの一人が教えてくれた。「はま先生がね、転入生の前田さん（私の旧姓である）は、宿題出せないっていう紙を、黙ってちゃんと書いて出した。大したものだ、なかなか力のある人だってほめていたよ」

私は驚いた。迷ったり考えたりした末のあの行動を、そんなふうに評価してもらえたことが、うれしかった。ああいう判断を「力」のうちと考える先生なのか。

「大したものだ、だって……」

生意気盛りの十三歳が、ふっと素直な気持ちになって、勝手なことに不機嫌が少し直った。私は大村国語教室の一員になった。

第一章

言葉・文化を学ぶことの価値観

大村はま／苅谷夏子

細川純平（中学1年）

†大村教室の雰囲気

大村国語教室は、私（苅谷夏子）にとって新しいことばかりだった。

授業中にとる記録、てびき、資料、週刊の国語教室通信、作業のためのメモから構成案、作文、試験問題や答案、解答の解説や評価表などは、すべて穴をあけてバインダーに綴じ込んでいく、まずそのことを習った。「一枚でもプリントなくしちゃ駄目なのよ」と同級生が大まじめに転入生の私をおどかした。

学期末になると、分厚い束（実際厚さが三センチほどに達したこともあった）にページを打ち、目次をつけ、まえがき、あとがきも書き、本格的に奥付をつけ、そしてちょっと凝った名前までつけて、一冊にまとめることになっていた。教科書とノートという二点セットに慣れていた私の目には、それは非常に大人っぽくて高級な勉強方法と映った。教室の隅には、表紙用のきれいな色画用紙や、光沢のある何色ものリボンが用意してあって、大きな電動の穴あけ機まであった。

そもそも、授業は、いつも単元ごとに異なるテーマと独自の教材を持ち、目標に合わせて組み立てたプロセスのもとに行なわれた。作業や資料整理の都合で、ずいぶんいろいろな大きさや形のカードを使ったりもした。授業の進展に合わせて、新しいプリントもどんどんと発行されていった。だからページの編集のできないノートでは情報管理は無理だったのだ。学習記録はそういう意味で大村国語教室の大事な勉強道具だった。

教科書は数ある教材の一つにすぎなかった。本はもちろんふんだんに使ったが、多くの教材が先生の手書きプリントだった。ガリ版の次世代のものとしてホワイトミリアという原紙があり、ボールペンで普通に書くと印刷原紙が切れるようになっていた。それを使って先生は、新しい単元に必要とあらば、薄い本一冊分くらいの分量でも自筆で写し取り、プリントしていた。私たち生徒もよくホワイトミリアを使っては、発表用のいわゆるレジュメを作ったり、グループ討議の結果をクラスに知らせたりしていた。そうして用意された教材が渡されるとき、私たちは手にしたそばからどんどんと読んでいったものだ。四月に新しい教科書をもらうとうれしく思い、勉強などとは思わずに読み進めてしまう、そういうことが私たちには始終あったわけだ。

授業がいつも図書室で行なわれていたことも、はじめてわかったときには驚いたものだ。必要に応じて辞書や事典は当然のこと、図書室全体の本を資料として扱うような授業のあり方だった。図書室には限らない。生活の全般に国語教育の教材を求める、その熱心さもこの教室の特徴だった。新聞記事は当然のこと、書評、広告、放送、日常の言語生活、各出版社の出す目録やPR誌など、たいへんな種類と数の資料が教材として教室に入ってきた。

国語教師の間で大村単元学習と呼ばれているこうした授業は、それを知らない人に全体像を説明しようとしても、なかなかむずかしい。大村教室を巣立った生徒は、その後の人生で、自分の受けた国語教育がどう新しかったかを人に伝えようと試みたことが、多かれ少なかれきっとあるだろう。

「教科書をただ順々に読んでいくんじゃないの」

「図書館中の本を資料に使いながら勉強したっけ」

「分厚い学習記録をいつもつけてた」

「今さわがれている総合学習を、三〇年前にちゃんとやっていたんだから」

などと、どれだけ一生懸命言ってみても、肝心なことが伝わった気はしない。もどかしい気持ちを味わうばかりだ。大村先生の実践については、全集（『大村はま国語教室』）が筑摩書房から出ているほか、多くの著書がある。国語教育の研究者による大部な研究もある。でもそれらがあってもまだ、私などはあの教室が十分に紹介されたと思えないのだ。教室の当事者の片方である生徒の視点から見るせいかもしれない。とにかくそれだけ多面的に構成された教室だったわけで、たぶん実例で語る以外にないのだろう。

私が大村国語教室の一員だった期間は二年半だ。その間に勉強した中から、いくつか忘れられない単元を、具体的にこのあと紹介してみようと思う。実際には、大村単元学習には公立中学に出た昭和二二年から退職する五四年まで、非常に多くの実践があった。私の経験はそのほんの一部でしかない。それらが大村を紹介する上で最上の例といえるかどうかは、自信がない。私にとって印象深いものが、代表的単元ではないかもしれない。おそらくは私よりもう少し後の時期が、実際には教室としての完成期に当たっているのではないだろうか。

しかし、一人の生徒としては、自分が実際に学んだ単元がすべてであった。一人称の証言の持つ力を信じて、私は私の知る大村国語教室をできるだけ鮮明に伝えようと思う。

†普通の公立中学校で

苅谷夏子（以下、**夏子**）私が大村先生に国語を教えていただいた石川台中学校というのは、東京、大田区立のごく普通の中学でしたよね。

大村はま（以下、**大村**）そうです。でも悪いほうでもない。業者テストというのがあったでしょう。私はいやだったけれども、しかし、まあほかの学校がどのくらいかということを知るためだったんですよ。学校ごとの成績を区内でくらべておく、あとで内申書を出したときの参考に。石川台中学校はそれがわりあいに良かった。でも私自身はいい学校へ行きたいと志願したことはないです。日本中にどこにでもあるというような、あたりまえの学校に奉職したいと思っていたんですよ。

これから自分が一生懸命取り組んでいくことの成果、それはあたりまえの学校でやってこそ、たくさんの人についてきてもらえるのだ、と思った。よく教師の間のせりふとして、なにかいい成果があると、「付属ですものね」というのがあった。大学付属の学校というのは試験を経て優秀な生徒が入っていて、先生たちも粒ぞろい。そういう環境で、なにか成果をあげても、特別な例になってしまう。一般の参考にならないの。

石川台のようなあたりまえの学校で仕事をして、それがほんとうに役に立たなきゃいけない。戦後、大変な決意をして中学に出たからには、それだけのことをやりたいと思ったんですよ。まあそれでも、石川台はあたりまえよりは少し良かったかもしれない。

夏子　最初にそういうことからお聞きしたのも、今、先生がおっしゃったことが、私にとっても関心事だったからです。この本でとりあげる中学校の国語教室での実践というのが、ごく普通の公立中学校で行なわれたのだということを確認しておきたかった。なにしろ、ほんとうにレベルの高い実践なので、この本を読む方は、こんなのは特別だと思われるんじゃないでしょうか。でも先生もおっしゃったように、高い資質を持った生徒を集めた私立や付属の中学校での実践ではない。私は個人的には国語を得意ともし、好きでもあったけれども、私たちはみんなあたりまえの、普通の中学生だった。特殊例として、例外にしてほしくない。普通の中学生がこういうことをやっていたんだ、そう思って読んでいただきたいと思うんです。

†中学校は大人になる学校

夏子　さて、私は一年の二学期から転入しました。それで、自分がいなかった最初の一学期に、友達はなにを習ったのか、ずっと気になっていたんです。最初の一学期を逃したのは惜しかったなあと思ったんですよ（笑）。

序章にも書きましたけれども、小学校の間に子どもは国語の授業にけっこう飽き飽きしているんじゃないかと思うんですよ。あまり期待もしてない。大嫌いなんていう子は少ないだろうけれども、大好きでもぜんぜんない。まじめにやるかやらないかの差はあるでしょうが、国語の授業はあんまり面白くもないな、というような感じで小学校を過ごす子ってとても多いと思うんです。

そんな感じでごく普通の小学校を卒業して、大村教室にぽんと入ってきた子どもたちに、先生は最初の一学期になにを伝えようとなさったのだろう。とても興味があるんです。

大村　そう。入学後、一番はじめの授業に行っても、子どもとしたらその前にほかの先生の授業があるわけでしょう。数学があったり英語があったりして、みんなにおめでとうって言われているわけでしょう。で、まず「入学おめでとうございます。これで何べん目？」って言うの（笑）。

「ここは中学校です。小学校は子どもの学校、中学校は大人の学校、――じゃないけれども、大人になる学校です。だから子どもの学校ではいいと言われたことでも中学校のほうではだめっていうことがあるんです。それは中学校の先生が意地悪なのではなくて、大人になってやって悪いことはやめていかないと困るので、そこが大変ちがう。それで、とにかく国語の時間としては、これからは一ぺんでものを聞いてほしい、私の言うことは一ぺんで聞きなさい」

こんなふうに言いました。

わからなければ二度でも三度でも言うけれど、お詫びをしなければ言わないって。大人は聞きそこなったりすると、恐れ入りますがどんなお話でしたか、と、そういうふうに言って謝らなければ聞けない。だからそれをまず国語の時間にやってほしいと言いました。

それは、実際には、単元学習のような構成の複雑な学習を進めるのに、一ぺんで話のわからない子どもがたくさんいたら、やれません。だからそれは最初の大事なことでした。

二度聞いても三度聞いても、もちろんよくお話しはしますよ、お話しはしますが、ただ、謝らなきゃねって。これは大層効果のあったことでした。

ただし、それは教師のほうからすれば大変なことなの。自分が一ぺんでわかる話をしているかということが問題でしょう。大問題。

夏子 言い方が悪くては、しょうがないですものね。

大村 そうですよ。先生がよい話し手でないとできないわけです。一ぺん。一ぺんでわかってねと。子どもを惹きつけて一ぺんでわからせてしまう。そういう話は練習なしにはできないです。そんなふうにして大人の意識、ここは小学校とは違ったところであって、大人になるための学校で、もう子どもではないのだということをそういう形で最初に子どもの胸に入れました。それは、教室にかなりの緊張を呼んだものですよ。

†「話は一ぺんで聞きなさい」という緊張感

夏子 私が転入後、最初に感じたのもその緊張感だったんです。教室全体に緊張感があった。もう子どもじゃないんだから、隣の人と突っつきあって、これどうしたらいいのとか、あなたそれこうするのよとか、そういうつまらないことを言うんじゃありません、ということもいわれて、その大人扱いを謹んでお受けしますと、そういう気持ちになりました

（笑）。

大村　新しい単元に入るときはもちろん、学習を進める間にも、資料のプリントを配ることがよくありましたが、時間になってから配ったりせず、低い書架の上に並べておいて、めいめいで取らせることが多かったと思います。そういうときなどは、これとこれが一枚ずつ、これが三枚というふうに手引きに示してあっても、「○○ちゃん、これ、一枚よね」って、聞くのみならず確かめるのよ。そういうことを言っていては、教室がやかましくなるばかりでね。そういう幼稚なことはここではしないということにした。でも、そういったようなことが教室をなんとなく楽しく締めたと思うわ。

楽しくなきゃまた困るんですよ。教室は楽しくないと。だいたいことばが少なくなってしまいますからね。話すことができなくなる。まあ、そういうことがスタートでしたね。

書いたものから必要なことを受け取って勉強することも大切なことなのだということで、毎週、国語教室通信を出していましたね。授業予定や提出物の期限などもそこに書いてあったし、ことばに関するエッセイもあって教材でもありました。だから、なくしてはいけない。なくしたらあげますけども、お詫びをしないといけない、先生すみませんと言わないとあげない。こんなことも大人になる練習でした。

夏子　生徒もそれで緊張感と気力があったんですよね。なにかピンと背筋の伸びたような中学生だった。
　私が掲示板の係りになったときのことですが、先生が掲示板に貼ったものはすぐ剝がしなさいっておっしゃったの。せっかく作って貼ったものをすぐ剝がすのはどういうことかなと思ったら、どんどん入れ替わる掲示板でないと、人が見ないっていうんですよね。

大村　そうよ。ちょっと見て、掲示物がきのう見たのと同じだったら、あ、きのう見たと思うじゃないの。そうすると見ないことがある。だから私は一日で必ず剝がしたの。意地悪をして「きのう掲示板に出しておいたから、もうわかっているでしょうが」なんて子どもに言うこともあった。そうすると、きのうそれを見なかったという人が出てくるんです。そんなことがあると、みなこりごりしてよく見るようになる。掲示板はじょうずに使うといいものですよ。
　ともかく一度ということはいいことだと思うわ。そういうふうにして教室にはピリッとしたところがどこかにないと。

夏子　小学校から来たばかりの子どもたちに、大人になるための練習だから、一度で聞きなさいとか、通信を読んで締め切りの日には提出物を出しなさいとか、プリントをなくすんじゃありませんとか、そういうことは、言おうと思えば誰でも言えることではあると思うんです。そのこと自体は平凡なこと、簡単なことと言えるかもしれない。けれども大村教室を知っている私が、大村教室を知らない人に伝えるとしたら、多分迫力の問題かなという気がするんです。

結局のところ、たとえば掲示板に貼ったものを一日で剝がしてしまうというのは、先生の気迫以外の何ものでもない（笑）。その気迫を保つというのはむずかしいですよね。だいたい途中でいやになったり疲れてしまったりして。でも大村先生は、中学生よりずっと小さい体だったのに、ほんとうに汲めど尽きせぬというほどの気迫でした。先生にお会いして最初の印象も、まあ怖いとは思わなかったけれども、やはりなんだか迫ってくるものがある人だと思った。エネルギッシュな職業人。

†勉強にはお金も時間も惜しまない

夏子　たとえば思い出すのは教室の文房具のことです。私が小学生だった昭和三〇年代というのは高度経済成長が始まったばかりくらいです。貧乏くさい話ですが、その頃、学校で工作をするからリボンと箱を持ってきなさいなんていうと、家にそんなに素敵なものなんかなかった。日常買うものはもっと粗末なものに入っていて、きれいなせっけんの箱なんてそれは大事に思っていたものです。まだそんな時代でした。

ところが読書生活の記録をまとめたり学習記録をまとめたりするのに、先生が大きな箱いっぱいに色とりどりのリボンを買っておいてくださって、それで好きなのを選ばせてくれたんですよね。

大村 そうよ、そうだった。

夏子 箱はリボンの色があふれるようでそれはきれいだった。「自分の学習記録をこんな色のリボンで留めたいって、そういうのがあるでしょう」っておっしゃっていた。このエピソードは、ちょっと聞くとただの甘ったるい少女趣味のように聞こえるのだけれど、先生の場合は、ほんの一ミリでも成果が上がるんだったら、その努力をしましょうというのが伝わってきたんですよね。

多分そういう迫力が子どもに伝わって、一度で聞きなさいって言えば一度で聞こうとしたし、素直になれたように思う。プリントをなくすんじゃありませんと言われれば、本気でなくしたら大変だって思った。あの教室の緊張感というのは、数え切れないほどたくさんの小さいものからできていたんだと思います。

勉強のためにはなにものをも惜しまないという精神は、何かにつけて表れていて、たとえば一枚のカードに一項目書いたらもうほかのことを書くんじゃないというようなことを習って、それは驚いたものでした。それがあとの作業をほんとに左右するからと。でも隙間がうんとあいていたら、もったいないと思うじゃありませんか。そうしたら、勉強のためのこういうことを、もったいながるんじゃありませんておっしゃった。

大村　カードというのは一枚に一つ書くから意味があるんです、なんて言ったわね。いっぱい書いたらノートになってしまうんだから。ほんとに、骨身もお金も時間も惜しまなかったわね。

夏子　そういうものをけちけちしないで使えるのはうれしかった。一見他愛もない、ちょっと遊びの気分まで混じったようなかたちでも、この教室ではことばの力をつけることがいちばん大事なこと、というメッセージが伝えられた。お説教ではとてもありえないような、明るい雰囲気の中で伝えられていたんですね。

第二章

大村はま国語教室の実践

大村はま／苅谷夏子

南澤祐樹（中学1年）

1 生徒の目から見た単元学習の実際

A 単元「ことば」ということばはどのような意味で使われているか

†「なんとなくわかる」を「はっきりとわかる」に

この単元は私（苅谷夏子）にとって、ある意味で考えるスタイルの基本ともなったので忘れられない。

「ことば」という単語は、もちろんとても日常的で簡単なことばだ。三歳児くらいでも理解できるのではないだろうか。しかし同時に意味の幅も広い。「外国のことば」といったらその社会や民族の用いる一言語。「ことばを発する」という場合は音声として表された表現のことだろうか。「開会のことば」はひとまとまりのメッセージ。「新しいことばをおぼえた」の場合は単語のことだろう。「乱暴なことばで怖がらせる」といったら話し方まで含むだろうか。こんなふうに並べてみても、意味や範囲が少しずつ違っていることがわかる。

中学三年生程度の英語の知識を使って翻訳という作業をしてみると、意味の違いがうまく自覚できるかもしれない。たとえばlanguageと訳すのが適当な場合、a wordのこともあるが、the wordと特定のものを指す場合もある。wordsやphraseのようにまとまったものを意味したりspeechやexpressionまたcommunicationと置き換えられることもあるだろう。ともかく、一見簡単な「ことば」ということばも、このように意味に注目すればさまざまな側面を持っていることがわかる。

あることばの性質を中学生が勉強しようというとき、たいていは辞書をひくだろう。用例をよく読んでみたりもして、自分が今知りたいことばがどの用法と同じなのかと考える。語釈を読んで、なるほどそうかと思う。むずかしいことば、知らなかったことばに関しては、確かにそれで勉強になる。

けれども、たとえばこの「ことば」という語などを辞書でひくことは、実際にはあまりないはずだ。十分にわかるのだから、辞書をひく必要を感じない。辞書好きという人種を除いて、たいていの人はなんとなくでも意味がわかって使えることばを、好きこのんでわざわざ辞書でひいたりしないものだ。

ただし、その、わかっていて使えるということと、分析的に自覚するということとは、まったく別物だ。なんとなくわかっていることがらを、はっきりと論理的・客観的に説明するという作業は、とてもよい思考訓練になることだと思うが、慎重に意識を集中して考えなければならないので、めんどうくさくて、自分一人ではなかなかできない。力のある人のじょうずなてびきがぜひ必要だ。学校の中ですら、そういう訓練をする機会はめったにない。大村教室の程良く緊張した空気の中で、私たちはそのチャンスに出会った。

この単元で生徒は辞書を使わなかった。どんな例文にせよ、中学生にとって「ことば」という語の意味がわからないということはない。「ことば」はそのくらい簡単な単語だ。この単元で私たちが試みたのは、辞書で意味を調べるのとはまったく逆に、意味分類を自分でしてみること、つまり辞書の「ことば」の項目を自分で書いてみることだった。ただし先ほどの例でわかるように、意味の違いといっても、たとえばゾウとキリンほども違うわけではない。せいぜいがミヤマクワガタとノコギリクワガタの違いくらいで、つまり素人が大雑把に見れば同じ種類といえるようなものを、丁寧に観察し、相違点をはっきりさせていく作業なのだ。簡単では決してない。

しかもクワガタと違って、ことばはツノの形で区別するようなことができない。そもそも抽象的な言語というものを、前後の文脈も考慮に入れて区別していくのだから、むずかしいのはしかたがない。中学生にとっては、言語感覚を全開にして当たるしかないような課題だった。しかしどうしてどうして、私たちはそういう手ごわい課題がけっこう好きだったのだ。

†教科書一冊から「ことば」という単語を拾う

もとになる資料は、珍しく国語の教科書だけだった。一冊丸ごとである。さまざまな種類の文章が混じっている点が、資料として向いていたのだろう。短冊状のカードをたくさん用意して、一ページ目からどんどん読んでいく。「ことば」という単語に出会ったら、前後の意味のつながりがわかる程度の長さだけカードに書き写す。どのページにあったのかも書き添える。一枚のカードには一例しか書いては駄目。ちょっと大変そうな作業だけれど、でも大丈夫、できますよ、と言われて、私たちは鉛筆を手に教科書を読み進めた。

文章一編ごとに、その文章の理解を促すようなてびき、今で言えばワークシートがあり、それに記入していった。黙っていくつかの項目を埋めていこうとすれば、ある程度の確かさでそれぞれの文章が読めたことになる、そういうてびきだった。

それをしながら、もちろん「ことば」ということばを探したわけだ。当時の学習記録から、集まった用例をいくつかあげてみよう。

●なんだって、そんなよそいきのことばをつかうんだね。
●顔見知りの間では、いちおうのことばはかわすけれども、
●ことばどおり巨人だ。
●私は今「畏れ」ということばをつかった。
●文化の道具であり、同時に文化そのものであることばというもの
●アルゼンチン語だといって、わけのわからぬことばをぺらぺらやって、
●先生に対する動作だから、へりくだったことばづかいをしているので、
●かれらは実に、ことばを最大限に有効に用いることを知っていた。

最後のページまで読むと、手元に約八〇枚のカードがたまった。持ってみると厚みがしっかりと感じられ、細長かったから、ちょっと札束みたいである。この時点ですでに相当うれしかったことを覚えている。一定の方法で、ある程度の量の客観的な資料一式を整えるということ、それは学習者としては非常に初歩的なことなのだが、実は意外に学校内で経験することが少ない。お膳立ての出来た材料を、すでに結果まで印刷済みの教材で習うのとは、まったく違う種類の手応えだった。教室の全員が同じ教科書から用例を書き抜く

のだから、はじめから教師が八〇枚のカードを印刷して用意することもできたはずだ。時間の節約にもなっただろう。

でも、こういう作業を焦らず丁寧に、誠実に進めていくことを習った経験は、大きい。確信を持って見守ってくれる人がいる前で、一冊の本からあることばを探し出していくのは、森できのこを探すのにも似て、大変ではあってもつらくはない。一枚のカードが増える喜びを、私たちは共通して感じたのだと思う。こういうとき、優劣のことなど誰の胸にもなくなっている。

†「つねに二つをくらべる」カードの振り分け作業

全員の手元に用例の束がそろった。まだ関心は途切れていない。それどころか、頼りのある厚みをそなえたその束を使って、さあ、次は何だ、という気持ちである。先生が言った。「一枚目を読んで、二枚目を読むと、『ことば』ということばの使われ方、意味が、まったく同じか少し違うか、判断できるはずです。同じなら重ねて山にします。違ったら隣に置きます。次に三枚目を取ったら、それと一枚目とをくらべます。同じなら重ねるんでしたね。もしさっきの二枚目が隣にあったら、三枚目とそれをくらべます。同じなら重ねて、どれとも違ったら別の山を作る。この繰り返しです。大事なのは、いつも目の前の二つをくらべることですよ。最初からたとえば一〇枚を種類ごとに分けようなんて、そんなすばらしいこと考えなくていいの。混乱しやすいんですよ、そういうやり方は。いつでも二つをくらべる、それがいちばん確かですよ」

とりかかってみるとその通りだった。目の前の二つが同じ種類かどうか、その判断は思ったよりも自信を持って下せるのだ。この作業は面白かった。先生のことだから教室のあちこちでみんなの仕事ぶりをのぞき込んで、相談に乗ったりしていたのだろうが、私は、「来ないで、見ないで」と思っていた。自分の力だけでやってみたい、できそうな気がしていた。実際、先生は私を放っておいてくれた。いくつか判断のむずかしい例もあって、そこが踏ん張りどころだった。何時間その作業に夢中になっただろう。八〇枚が意味ごとにいくつかの山にまとまってきて、下位分類の必要にも気づく。一の(1)、(2)というやり方だ。友達との情報交換も始まる。

分類が済むと、こんどは山ごとに共通している意味をことばで説明するのだが、実際には、すでに一枚一枚カードを振り分けていく作業の過程で、いつのまにかもやもやとそれぞれの山に共通する意味が見えてきていた。「どっかの国で使われている国語のこと、〇〇語とか」というように、とりあえずのニックネームが山ごとにできたりしていた。分類という作業は、そうした共通点を自然と浮かびあがらせてくるものなのだろう。だから、いったんきちんとした山さえできてしまったら、意味まではあと一歩だ。といってもけっこう手応えのある一歩で、だからこそ一生懸命になった。ああでもない、こうでもないといつまでも苦労させられた山は、そもそも山としてのまとまりが怪しい場合もあった。そういうときはもう一度、カードをばらして検討し直してみる。最後まであちこちの山をうろつき回るようなカードもあったし、どうしても仲間が見つけられないものもあった。

†気がつくと私家版の辞書が出来ていた

記録をみると、クラスの全員が私家版の辞書の一項目を書き上げている。それがプリントされ冊子になって、それを資料として発表会も開かれた。それぞれ分類方法や解釈、表現に工夫があって、同じ研究（そうだ、あえて研究と呼ぼう）をしたのに、結果は同じではなかった。だが、誰のやり方がより正確、という競争ではない。判断のむずかしかったあの例を、あの人はこう処理したか、と感心したりする。それは研究者（！）どうしの評価である。私の学習記録の結びには次のようにある。

【最後に】こうして一応形だけは整ってきたものの、やはり満足感に乏しいのが今の心境です。全部できたあと、友達や先生と話してみると、自分の分類に、意外なほど、つっこみの浅さが見いだされました。（中略）でもその成果は、私なりに注目してよい点もあります。（中略）はじめは全く大きすぎて手のつけようがなかったものについて、これだけわかってきたことだけでも、よかったと思っています。

満足感に乏しい、と言っているのがおかしい。よほど意気込んでいて、よほど自負があって、でも力不足であることにも気づかされたのだろう。もっと満足がいくまで取り組んでみたかったのだろう。

実際、このとき分類に迷った「ことばどおり巨人だ」という例は、あれ以来三〇年の間しつこくずっと忘れないでいる。「ことばどおり」というのが「文字通り」と同じように決まった言い回しであったために、それに邪魔されてしまい、「ことば」という語だけをうまく取り出して、意味をとらえることができなかった。「ことば」という語だけに注目することができていたら、いちばん典型的な「ある単語、熟語などを表す」という、いわば普通の用法だった。それができず、慣用句という項目を窮余の策でこしらえてしまい、あとでとても後悔した。

物事を考えるとき、対象となるものを、付随するまわりのものからきれいに区別し、切り離して、それだけを取り出すということはぜひ必要なのだが、周囲とのくっつき方が根強いほど、それがむずかしい。よほど意識しないと見誤り、なにもかもいっしょくたにして乱暴な判断を下しそうになる。そういう場面に出くわすたびに、私は「ことばどおり巨人だ」というフレーズをおまじないにして、気をつけようとするのだ。

†地道な作業の積み重ねがいちばん大事

さて、私（苅谷夏子）にとって、この単元で教わったいちばん大事なことは、こつこつとした作業を確実に誠実に重ねていくと、ちゃんとある程度の仕事ができるということだった。高級なひらめきや、鋭い洞察力、そういう特別の才能のような飛び道具など使えなくても大丈夫、一定のレベルの成果は得られる。材料と方法さえきちんとしていれば、いつも目の前の二つを検討するだけでいい。その作業は、危なげなく自信を持ってできるから、安心して、はじめからあまり大きなことなどを考えないでこつこつと進める。結論を急がない。するとそのうちに混沌としていたものが徐々に整理され、きっと何かしらが浮かび上がってくるものなのだ。このつつましくて誠実な仕事のこなし方は、国語という教科に限定されるものではなかった。学校の中にさえ限定されない。

そしてもう一つ。そもそも、辞書という権威の象徴のような本も、実はこうした作業からできた物なのだということがわかって、それはほんとうに、天動説から地動説に宗旨替えをするほどの驚きだった。学校という場は、すでにできあがった知識体系を、疑う余地も残さず、あたりまえの顔をして教えてしまう。立派な知識のお城を前に、生徒は萎縮した未熟な存在にならざるをえないところがある。ところが、この「ことば」という平易な、しかしやっかいなことばの分類をしてみたことで、私は、しゃんと背筋が伸びた気がしたわけだ。過去に知的遺産を築いた人々と同等の資格を持って、堂々と勉強を進める楽しさを教えられたのかもしれない。実際、大村国語教室の私たちは、生意気とも思えるほど一人前の「学ぶ人たち」だったのではなかったろうか。

B 単元「私の履歴書」を読む

†「自分の履歴書」を書く

これも私にとって一つの転換点となった単元だ。中学校三年のときのものだ。

ひとつの単元の始まりというのは、大村教室の仲間にとって、とても楽しみな、興味津々なものだった。ある時期からは、新単元への導入の方法について、先生がその都度さまざまに工夫し、周到に準備していることがわかってきて、生徒の私たちも期待して見ていた。月並みに「それでは次にこれをしましょう」というようなことは決してないのだ。

その年、日本経済新聞で長年連載が続いていた（そして今も続いている）「私の履歴書」の単行本刊行が数十冊に達した。先生はそのことを紹介し、履歴書、自叙伝、半生記などということばについて少し話したあと、では自分の履歴書、つまりこれまでの自分について語る文章をまとめてみよう、ということになった。

ちょうど年齢的にも自我を強く意識しはじめるような時期だった。また、教室にはもう、そういう取り組みにさっと向かえる下地ができあがっていた。さっそく私たちは鉛筆を握り、それぞれに構成案をたてはじめた。まずは、とにかくトピックスを書き出していく。生まれてから今日までの自分を表す文章だから、種になるような話はたくさんあるはずだ。それを、思い出すそばから、どんどんどんどんと書けばよい。簡単なはずだった。ところがいざ始めてみると予想外に筆が進まないのだ。

今の自分について書くとなると、たとえば、ちょっと悩みがないわけではないのだが、それは大声で触れ回りたいようなものではない。心密かに思っていることだ。それは今の自分にとって大事なことがらだから「私の履歴書」には書いてあってあたりまえのことだろうけれども、書くわけにはいかないんだ……。

私のこれまでの暮らしは、それほど面白おかしいものではなかったが、ユーモアのある雰囲気で書きたいものだ。どのエピソードをあげれば、ユーモラスな感じが出せるだろうか。つまらないことを書いてもしょうがないではないか。そもそも、私の履歴書を面白くなんて書けるんだろうか……。

近頃、母のことを批判的に見ている自分である。こういうのを反抗期というらしい。でも、母は苦労の多い人であったし、実はかばってあげたい気持ちもあるのだ。好きなんだか嫌いなんだか、わけがわからない。嫌いと思うときの気持ちなんか、おかあさんに可哀想でとても書けない。とりあえず表面的に書いておこうか……。

私は学校で成績がいい。このことはうれしいと思う。自分の優れた点をあげるとすれば、きっとそれが一番の特徴だと思うのだが、でも鼻にかけていると思われるのは辛い。一番の長所が足が速いこととか、絵がうまいとか、そういうことだったら、ためらわずに書けるのに、「私は勉強が得意です」とはどうしても書けないぞ。大変だ、ほかに大した長所はないのに……。

だいいち、これは誰が読むんだろう。文集のようにしてみんなで読むのだろうか。だとしたらよけい、いろいろ気にかかる。どんなふうな私に見てもらおうか……。

他ならぬ自分自身の、たかだか一五年ほどの人生なのに、それを一つの文章としてまとめようと思うと、おかしいくらいにいろいろな思惑が乱れた。とても困った。

「創造」とは迷った末に選び取ったもののこと

一時間の授業が終わろうとする少し前、しんとした教室の空気を先生の声が破った。

「はい、そこまででやめましょう。今考えた文章は、書きたかったら書いてみればいいでしょうが、書かなくてもかまいません。構成を考えたメモだけは、しっかり学習記録に入れておきなさい。さて、どうでしたか、『私の履歴書』を書こうとするときに、できごとを一から十まですべて、あったとおりに、そのままに書くわけではなさそうでしょう。書いてある内容そのものが、その人をすっかり表現しているわけでない。選んだことを選んだ表現で書く、実際にあったことでも、書かないこともある、そこにこそ、その人らしさが出てくるんじゃありませんか……」

私はそのあたりでもう先生の声を聞かなくなっていた。ひとつの真実がすとーんと腹に収まった、それを感じて私はじっと固まってしまったように思う。

あ、そうか、文章というのは、たった今まで私がしていたように、迷いや意図や思惑や思いやりや、そういう過程があって、その結果として選択されて表現されたものなのだ。はじめから唯一これしかない、という姿があったわけではなくて、迷った末に選び取られた結果だけが、見える形で残っているのだ。選ぶこと自体が大きな創造で、そこにこそその人らしさがある、そんな目で周りを眺めたことがなかった私は、文字通り目からうろこが落ちたように思った。とても興奮した。ひょっとしたら音楽だって、美術だって、そうか日常のことばのやりとりだって、みんなそうやって表現されたものなのか。このときを境目として、世の中を見る目が変わりそうな予感がした。

この鮮やかな導入の手際を、私は忘れたことがない。文章を読むときには、作者の意図を考えながら、とか、行間の意味を探りながら、というような注意はごくあたりまえのものだ。それを知らなかったわけではないが、そう言われたからといって、なんの助けにもならなかった。あの一瞬まで、私は、いわば観客席に座ってできあがった映画をおとなしく見る幼児と同じであって、一方的な受容者だった。まあ、受容する楽しみもあるのだが、それでは創造の世界にほんとうに迫ることはできない。でも、あの一瞬の転換で、「私の創造」が「他者の創造」と重なった。

†生徒一人ひとりが個別の人物を読む

そのあとで私たちは、一人ひとり別の人物の「私の履歴書」を受け取った。あなたにはこの人を、というふうに先生が選んだものですよ、と言われると、うれしくもあり緊張もした。絵が大好きで得意な小見君は東山魁夷さんを、海外生活が長い国際派の吉元さんは沢田美喜さんを担当することになった。私には女性運動の先駆者の一人であり衆議院議員でもあった神近市子さんが手渡された。

記録用紙を手元に置き、私たちはせっせと読んでいった。「そこに書かれたことを選んだ作者、書かれなかったエピソードを捨てた作者、それらを総合して作者を知るのだ」と私は学習記録に波線つきで書いている。同じ本を読んでいる人は自分以外にはいない。自分だけがこの人の「履歴書」を読み、この人を知り、最後にはクラスの友達に報告をする。責任重大だが、こういう種類の責任は、中学生にとっていやなものではなかった。人とくらべられることもなく、みんなの知らないことについて報告するのだから、言ってみれば明るい、前向きのプレッシャーだ。

私は、神近市子さんという人を知らなかった。けれども読み始めるとじきに、夢中になっていった。

大村先生は、生徒をよく知る先生だといわれる。でも、いつも接している私たちから見て、それは普通のことになっていて、とりたてて強くそう感じていたわけではなかった。だいいち、生徒の私生活について洗いざらい、なんでもよく知っているというタイプの先生ではなかった。芸能界のごひいきのことから、親子げんかのこと、近頃気に入っている遊びのこと、好きな人のこと、そういうことをまるで友達に話すように先生に話す、それが子どもに近い先生だとしたら、大村先生はそのタイプではなかった。夏は風の通る窓辺で、冬はストーブのそばで、私たちはしじゅう先生と雑談をした。でも、それは明るい、楽しい、そして先生に合わせた節度のある会話で、自分を丸ごとさらけ出すような話はしたおぼえがない。そもそも中学生が、学校内で、先生のいるところで、そんな話をするわけがない。でも、確かに違った意味で、大村はまという人は、生徒をよく知っていた。神近市子の自叙伝を読むことになって、私はそのことを痛感した。

†猛然と本に向かった幸せな読書体験

神近さんは、政治家として活躍するような人物であったから、人前で臆するところなく、堂々とした女性である。女性の権利が非常に制限されていた時代に、大きな声で異議を唱え、社会を変えていこうとした。ひとことで言うならば、自立したアイデンティティの持ち主だ。そして、中学三年生になっていた私が、精神的に最ももがいていた点がそこだった。対立をおそれる気持ち、集団とうまく折り合うために突出したくないという思い、それが成長しようとする自分を大きな力で押しとどめていた。最初、自分の履歴書を書こうとしたとき、いちばん得意なことは勉強だけれど、そのことをみんなの前ではっきり認めるのは辛いと感じていた、そういうもやもやとした気持ちが、一方で育っていく自負心と対立して、私を苦しめていた。十四、五歳という頃に、女の子がそういう悩みから自ら成長にブレーキをかけるということは、わりあいによくあることなのではないだろうか。

そんな時期に与えられた神近さんの自叙伝は、大きなインパクトがあった。胸を張って、悠然と、自分の力は持てるだけすべて発揮し、人にほめられても変に謙遜したり卑下したりせず、さらりと賞賛を受け止める。ほめられたくない人にほめられたときには、歯牙《しが》にもかけない。この堂々たる生き方はすごいと思った。また、そのことを「私の履歴書」に書くときの姿勢が、さばさばしていて気持ちよかった。

ほんの少し前、単元のはじめに、私自身の履歴書の構成案に取り組んだときに、自分のことを自信を持って書くことなど思いもよらず、なんとか無難に、謙虚に、好ましい枠のなかで語ることばかりを考えていた。その記憶が新しいだけに、私は、驚きながら夢中になって読んだ。この時期の私にこの本が渡されたことは、おそらく偶然ではないのだろう。大村はまという、やはり明治生まれの先駆的な女性が、伸びようとしながら戸惑う私を見抜いて与えてくれたものなのだろうと、今、思う。他の級友もきっとそれぞれ、ふさわしい本をもらったのだろう。いつか級友に聞いてみたいと思う。

この単元の締めくくりは、自分の担当した人を端的に表す表現を考え、根拠とともに発表することになっていたが、私は、そのアイデンティティの確立した人である神近さんを、アイデンティティという便利なことばを知らないまま、また、自我とか自己とかいったことばもうまく使えないまま、なんとかそれに近いようなことを言いたくて奮闘した。学習記録を調べてみると、私の熱中ぶりがはっきりと見て取れる。

この学習記録は、今、鳴門教育大学の付属図書館に設けられた「大村はま文庫」に他の多くの学習記録とともに体系的に保管されている。昨年春、大村先生とともに鳴門を訪れ、三〇年ぶりにこの記録と再会し、自分の奮闘ぶりに出会ったとき、十五歳の自分のがんばりがまぶしいような、いじらしいような、不思議な気持ちがこみあげて、なんだか涙ぐみそうになった。力を十分に引き出してくれる教師を得て、ない力まで絞り出そうと粘り、いつのまにか実際にたいした仕事を仕上げている、中学生の自分であった。

それにしても、単元のはじめに表現することの本質を鮮やかに体得させた導入ぶりは、今考えても舌を巻くプロの力量だ。そうか、自分が迷い迷い、選びとりながら捨てながら書く行為と、目の前に立派な活字となって澄まし顔をしている本とが、実は大差ないもので、自分も作者も書く主体としては同列なものだったのか！。このことを飲み込んだ勢いで、私たちは猛然と本に向かった。幸せな読書だった。

2　単元学習の本質とは

†教科書を丸ごと何回も使う

苅谷夏子（以下、夏子）　単元学習の実際を、生徒の側から、できるだけ細かく思い出して書いてみました。

大村　二つともよく覚えていますよ。とても印象に残っている単元。でも夏子さんもよく覚えていてくれたわねえ。そして意図をほんとうによくわかっていてくれた。ありがとう。「ことば」のほうは、文学とか時の話題とかそういうことをやるのが単元だと思っている人が多かったから、あんな地味な学習をやった人はきっと少なかったのじゃないかしら。あれこそほんとうは国語の中の国語なんだけど。

夏子　地味といえば地味かもしれないですね。

この「ことば」の単元では、基本資料として教科書を一冊丸ごと使いましたね。

大村　教科書を一冊の本としてとらえて、丸ごと何回も使っていました。このほかにも全巻の文章の書き出し文について研究したり、その一冊に出てくる少年を全員とりあげて考えてみたり、丸ごと一冊を編集し直したり、事項索引を作ってそれによって年間何回もいろいろな学習のなかで教科書のいろいろなところを開くことになったり。教科書を使わないどころか、たいへん活用したのです。普通の教室と使い方が違ったということで、使わないどころではありませんでした。

夏子　この「ことば」の単元では、まず教科書を一冊読むのに、授業数にして一〇時間ぐらいかかっていますよね。これだけの期間、子どもの関心や意識が高いままだったというのはすごいですね。先日このときの国語教室通信を見ていて、こんな文章に出会いました。

> 分類の（1）*の時間、みんながじっと、思いをこらして、それぞれのカードを見つめ、「ことば」ということばの意味を考えていたとき、異様《いよう》な、といいたいほどの静けさが、へやに満ちていました。
>
> ただ音がしないというだけの静けさではない、目に見えないものがはげしく動いている、心がはつらつと活動している、そういうしずけさでした。区別しにくいものを区別しようとし、ことばに表しにくいものを、ことばにしようとして、力いっぱい考えている、いきいきとした静けさでした。すばらしいひとときでした。

（＊分類作業の第一時間目の意）

夏子　あのときの教室が思い出されます。先生も教師冥利という瞬間だったでしょうね。

大村　そうですね。このとき分類しようとしたのが、「ことば」ということばだったことが、またよかった。簡単だけれど抽象的な面もあって、それこそ、ことばに表しにくいものをたくさん含んだことばだったから、よけいに手応えがあったのね。

　これに限らず、ことばの単元はいつでも、終始非常にみんなが好きだった。文法的なものでも。ことばの単元となると、それって急に座りなおしたりして、よし来たって喜ぶんですよ。それがたいへん不思議なことだった。文法の授業が好きな人は普通あまりいないものなんですけれども。じっさい私自身も、いい考えがないときにことばの単元で教えようとしました。それがいちばん自信があった。

夏子　この単元は相当レベルが高いですよね。

大村　高いわね。相当、勉強している人たちがやっている。

夏子　これを普通の公立中学のクラス全員がやり遂げたというのはすごいですね。先生は、個別に相当助けたのでしょうね。

大村　うんと助けていた。読むときなんか横からどんどん仮名をふったしね。

夏子　よくぞ全員が最初から最後まで読み通し、分類し終えたものだと思います。あのカード式のやり方というのは先生の発案ですか。

大村　誰に習ったわけでもないんですよ。

夏子　大村流なんですね。二つならくらべられるし、それを我慢してやっていればきっとなにか出てくるというのは一生使える財産だったと思っているのですが。

大村　二つならわからなくなるということがまずない。三つになると急に複雑な条件が出てくるから。

夏子　こういうふうに、ものを考えるときの基本姿勢というのは、中学生ぐらいのときに習っておかないと、習うチャンスをなくしてしまうようなことですよね。

†単元「旅の絵本」

夏子　ここでもう一つ、安野光雅さんの『旅の絵本』（福音館書店）という本を使った単元を紹介してみませんか。先の二つの単元とはまったく違う方向ですから。一九七七年の取り組みで、私の学年ではないのです。話に聞いて、うらやましかったものです。

大村　渋谷の旭屋書店で新刊書として『旅の絵本』を見たときに、あっと思った。うれしくて、もうその瞬間にあれをこうやってと単元をやってみようと考えていた。胸に抱いて

安野光雅著『旅の絵本』（福音館書店）

帰ったの。一年生の二学期ですね。

夏子　この絵本には一人の旅人がいるんです。小さな船を漕いでやってきた旅人が上陸して、風が草原を吹き渡るような広い景色のなかをずっと旅していく。

大村　旅人の身になって一緒に旅をことばにするのね。旅の本にはいろんな生活がこまやかに出ている、泥棒まで出ている。

夏子　一人一冊ずつ絵本を持たせてもらって、旅人の道中を文章に書いた。小さなきれいなノートを一冊ずつもらって、絵本をめくりながらノートもめくりながら、絵本に重ね合わせた文章を書いたのですよね。

大村　字がまったくない本なのよ。「字があるよりももっとたくさんのことばが入っている」と安野さんもおっしゃっていました。さまざまなことばと、声とが伝わってくる本ですよ。だみ声やかん高い声、ひそひそ声、そういう声の表情まで聞こえてきます。語彙指導にも役に立つものです。

夏子　安野さんの絵のすばらしさがなにより出発点でしょうね。絵の細部にたいへん表情がある。景色には風やにおいが感じられるし、人はみんないきいきとした存在感をもって描かれている。だから、ことばで表してみたいと誘われるのですね。そして、そのことばも慎重に、大切に選びたくなる。いいことばをあてたくなる。

ひとつ、実際の生徒の作品を紹介してみませんか。良知睦くんのものです。

（旅人は、美しい牧歌的な田園風景をのんびりと旅した後、大きな都会に出て、その雑踏の中を行く）

もう、プンプン、なんてさわがしいんだろう！　あの土地でも見習えってんだよ。まったくみんな落ち着くことを知らないのかしら？　ほんとうに、あー神さま、あなたはこれ見てどう思います？　このくだらんさわがしさにうずもれる家々は、なんと貧弱なこと……いや、でもないかな……なかなかりっぱだし。それじゃあ人々のつながりが軽薄なことか！……？……でもないかしらね。なら、一人一人がなんと安っぽい人物であるか！……いや、そうでもないか。りっぱな人もいる……ん？

もう君にもわかるね。その時のぼくは古い前の考えより、広いはんいで物事が見えるようになったんだよ!!　どういう事についてもね！

すばらしい事だと思わない!?　ぼくはこの旅で数々の収穫をえたが、中でもこの事は最大の収穫であったと思うよ！

広い目で身のまわりを見渡せる……。すばらしいことだ。ぼくはもう一つの世界だけに感動し他の事は見向きもしないなんておろかなことは、決してしないだろう。

ああ、なんて近代的で明るい家々なんだろう！

夏子　もとの絵本では、旅人は淡々と風景の中を旅していくだけです。特に目立つストーリー性はありません。絵本をじっと眺めて、この場面でこういう気持ちの変化を感じ取ったのは、これを書いた彼自身なんですよね。十三歳の少年の考えが、絵と言葉とをきっかけに耕されていく様子が見えてきます。

この同じ生徒があとがきにこんなふうに書いています。

「今日より約二十四日前、この話を先生から聞いた時は、血わき肉おどり、『よしやるぞ!!』とこころにきめたものでした。しかし、今は……とてもじゃありません！　なんせ夜中の二時ごろまでてつ夜したのですから。（中略）さて……この本をあとで見てみて、どう思うかな。

†つねに新しい教材を

夏子　「血わき肉おどる」と書いていますが、よほど張り切ったのだろう、いいのを書くぞと思ったのでしょうね。

大村　一生のうちにそういう気持ちになるときがあったということはいいことだわね。

夏子　しかも学校の教室で、ですからね。

大村　私は抱いて帰るし、子どもは血わき肉おどるし。幸せだわ。

夏子　幸せな国語教室ですね。中学校一年生の男の子がこんな牧歌的な課題を与えられて、旅人の道中にことばをつけてみましょうといっても、普通、なかなか士気は上がらないのではないかしら。生徒もたいしたものですね。

私はその「旅の絵本」の学年でなかったのが残念で、実は今年、娘が中学校一年生になったので、夏休みの自由研究にこの本を薦めてみたんです。資料用にうちに置いてあった良知くんの作品も見せたら、やってみたいということになって。楽しみながら、苦しみながら、書いていましたよ。できたものを見せてもらったら、この子はこんなことを感じ取るまでに成長していたのか、とほんとうに驚きました。ふだんの生活では決して出てこないようなことば、発想が、この絵本に誘われて出てきている。本気でことばを選び取ろうとしていることが伝わってきました。娘の財産になるような本ができました。

ただ、これが教室での取り組みであった場合は、もっと違った良さも出てきたのではなかったか、とも思うんです。教室という集団だからできることもある。三十何人という個性の異なる仲間が集まった教室という舞台が、教材を助けるということがありそうですよね。お互いが刺激し合ったり、認め合ったりして、集団としてのやる気が支えになるということ。

部屋で一人きりで、ことばということばの分類をやったとしても、よほどでなければやる気を保てないでしょう。そもそも一人では、やろうと思い立つことすらむずかしい。教室で仲間がいて先生が励ましてくれて、うまくいったら先生にほめてもらえる、仲間に報告できる。だから、そうとう手強い仕事も最後までやり遂げられるんでしょうね。

さて、大村国語教室の一つの特徴として、三十数年間で同じ単元を繰り返さなかったということが言われますね。この「旅の絵本」の単元を見ると、一九七七年当時の良知くんと二〇〇二年のうちの娘と、四半世紀の隔たりを感じさせないほど、同じように夢中になって取り組んでいます。つまり、新しい単元のために発掘なさった教材を、別の生徒に繰り返しても、支障はないようにも思うのですが、でも、先生はそれをなさいませんでしたね。

大村　他の人に向かって、繰り返すべきでないと言うつもりはないです。第一、小学校などでは同じ教科書を何年か使わざるを得ないでしょう。繰り返してはいけないというわけではない。私にとって繰り返さないということは、教材としての理由というよりは、教室へ出る自分の姿をよい状態で保つ、主にそのための工夫でした。なにせ新しいものを持って教室に出るというときは、新鮮で、誰よりも自分がうれしいですよ。

夏子　それはそうでしょうね。その先生のうれしさが伝わって子どももうれしいし。

大村　そうね。なんとなくね。教師のもっともいい姿は、新鮮だということと謙虚だということですよ。中学生なんていうのは生意気でね、まだ小さいのになんとも言えない誇りを持っているのよ。だからちょっとでも未熟というふうに見られるのは、大人が想像できないほど嫌いですよ。

新しい単元を持って出るときに、私はちっとも得意ではないのですよ。心配。大丈夫かな、うまくいくかしらって心配している。謙虚になっている。その少し心配している気持ちがとても子どもに合うのよ。新鮮で謙虚ということを間違いなくやろうと思ったら、新しい教材に限るんです。苦労することなく、自然に、よい状態を保つことができる。手慣れてくるとあぶない。

夏子　新しい本や資料、テーマを見つけて、さあ今度はこういうことをやるのよ、と生徒の前に出てくる先生の活きのいい姿というのは、きっと確かに何かが違うのでしょうね。これは前にもやって大成功したし、もう手順はよくわかっているから安心してできる、というのとはやはりまったく違う。生徒にとっても教科書を機械的にめくって、では次のページ、というのと対極的な世界ですね。

大村　そう、別の世界ね。そしてまた、同じ教材で同じ単元を繰り返すと、教師が、知らない間に、以前の子どもと目の前の子どもをくらべてしまうんですよ。去年この授業の時には○○さんがあんなに良い発言をしたのに、今年はだめだ、なんて、まぁ言いはしないでしょうが、内心思ってしまう。これはたいへんいけない。人と比較して見ていれば、子どもは必ずそれがわかる。伝わってしまいます。そして子どもはそういう目で見られることが大きらいなものです。

同じ単元を繰り返さなければ、自然に、比較するなどという目を持つのを防ぐことができたんですよ。

夏子　私たちは、そんなに大事に思っていただいたんですね。

†話し合いの指導

夏子　私が大村教室で学んだことのなかで、もう一つ忘れてはならない部分は、話しことば、とくに話し合いについての基礎だと思っています。先生も相当に意識してそういう点を育てていらしたのでしょうね。

大村　戦争の後、それまでの世の中のことを振り返ると呆然となってしまって、ほんとうに気持ちが変になるくらいでした。新しい社会をつくるために、捨て身というくらい激しい気持ちで働きたいと思った。それで新制中学へ出て、新しい民主的な国になっていくために、きちんと役に立つ国語教育を本気でやっていこうと決めたのです。そのとき、大きな目標となるのが、話す力、話し合う力を育てることでした。私自身もおしゃべりではあったけれども、きちんとした話す力は持っていないと思いました。それで、会議の仕方なんていうのを、アメリカ人を講師とする講習会に行って習ったりもしたんですよ。

そのときに習ったことですが、話すときにエーっといってしまうことがあるでしょう、あれはことばではないと言うのね。ことばでないことを言うのは邪魔だと先生がまず言われた。でも、それは一種の癖みたいなものなのだから、やめなさいと言って直るものではないというのね。それで、エーっと言おうとするその瞬間を見きわめて、あっと思ったときにきれいな音のするベルをチーン。すると言いかけていたのが出てこない。言わずじまいになる。そういうふうにして直すんだと教えてくれた。この考え方は、エーっに限らず、のちに私はたいへん大事にするようになったけれども。

その先生の教え方も、ユーモラスでとても楽しかった。

夏子　私もついエーってやってしまうんですが、言いそうだなってわかるものですか。

大村　わかる。言わないうちに、息が出た頃に。今言いそうというその瞬間に、チーンと静かな音でやるとみんな笑うのよ。笑っておしまい。言ってはいけないなんていうと叱られることになるでしょ。そんなのとは大違い。そういうふうにユーモラスに、しかし確実に押さえる。言わせてしまってから「ほら、言ったではないか、だめじゃないか」というのはいけない。言わせてしまったら先生の負け。言わせないでやるのだというの。いいでしょう。そういうことが面白くて、この講習会には一生懸命、毎晩通っていたわね。

そのうち西尾実先生（大正・昭和期の国語学者。国立国語研究所初代所長。話し言葉の発展を軸とする国語教育を提唱した）が話しことばの会をお始めになる。西尾先生は話すことについて日本で初めてほんとうに学問としても受け入れることができ、実績としてもいいものをお残しになったと思います。先生は、二人でする対話というのが大事で、その最小単位の二人の話で本心がすらすらと出てこなければならないんだと教えてくださった。問答というのは片一方が問うて、片一方が答えるもので、だいたい日本の先生は問答のことを対話だと思っている、でも大事なのは問答ではなく、対話だとおっしゃった。

でも対話を教室に持ち込むのは容易でないことですよ。聞き手のいない二人の話、そういうチャンスは単元学習でもしないと、ない。そういうときにほんとうの気持ちを話すという経験ができる。本心が声になって出る習慣というか力というのを持たないと、話しことばというのは成立しないとおっしゃっていたんです。

夏子　本心が声になって出るなんて、とてもあたりまえで、誰もができているように思っているけれども、違うということでしょうか。

大村　そうよ。誰でもほんとうのことを話しているつもりでしょうね。心にもないことを話すつもりはないと思います。でもそれがそうでもなくて、「ほんとうにそう思っているのですか」と聞かれると、なんとなく心配になるんじゃありませんか。うそをつくつもりはありませんが、自分の心をとらえそこなうわけです。

思っていることをちゃんと音にして出すという、そういう意欲を日本人は持っていないと、西尾先生はおっしゃっていた。そういう見方で、ことばを使っていない。お世辞がじょうずとかぺらぺら話せるという人はいっぱいいるけれども、ほんとうの自分というものを声に乗せられるというのは大変なことだ、大村さんの教室でもできていない、だめだっておっしゃってね。私はほんとうに最後まで先生に申し訳なく思っているぐらいできなかった。

書くことも同じですよ。じょうずもへたもない、役に立つかどうかでもない、自分の心を文字というものを使ってそのまま伝わるものにする。書くというのはそういう技術だということ。

†一生の基本となる力

夏子　そういうふうにとらえたら、話す力も書く力も国語の教室の中に閉じこめられるものではないんですね。人が生きていく上で、思っていることをそのままに言うとか、伝えたいことを書くというのは、一生の基本的な力になるんでしょうね。成績とか学歴とかそんなみみっちい話ではない。

大村　自分の心がちゃんと音になって出るか、文字になって出るか。自分がやったつもりでも、相手がそう受け取ってない以上は、やれたということにはならない。単なる表現がうまい、へたということではない、そのくらいのことはできなくても、大したことじゃない。でも、自分の心がそのまま人に伝わるような文字づかいで書けないのは、生きていく上で大変だとおっしゃった。西尾先生はそういうところはほんとに偉かったと思います。

夏子　国語でむずかしいのは、そういうときに心という言い方をしてしまうと、文学寄りに受け取られてしまうことがある。そういうこととは違うようですね。

大村　心が相手に間違いなく伝わるように音にしたり文字にしたりできる技術だと考えればいいわけね。先生からそういうふうにうかがいながら話し合いの勉強をして、やはりことばこそ民主教育に役立つ力ではないかと気づいたんです。自分の思っていることがそのまま相手に伝わる力を持ってないような人が集まって話し合いをしても、民主国家にはならないじゃないか。自分の気持ちがそっくり素直に言えてそれがすーっと相手の人に伝わっていく、そういう人が集まって話し合ったときに民主国家の基盤ができるということでしょう。それで私は一生懸命になって話し合いの指導に心を砕くようになるわけ、その子になり代わっての発言などね。よしと思って。

夏子　私が、大村先生の仕事を自分なりの形で社会に広く紹介したいと、本気になって思ったのは、二〇〇一年九月一一日の同時多発テロとその後の混乱、報復という一連のできごとがきっかけだったんですよ。

生まれて初めて、ほんとうに危機というものが目の前で起きようとしていることを実感した。自分なりの意見もありました。具体的にはアメリカの軍事報復に反対だったんですが。著名な方のそういう言論がマスコミに発表されたりもしていたのを見ましたが、結局、誰もほんとうには納得しないまま、事はずるずると進むばかりでしたよね。本格的な討論なんてなくて、反対の人も賛成の人も、「そんなのあたりまえでしょう」なんて、議論以前の発言を応酬し合うばかりだった。報復反対論者はアメリカ支持論者から「平和ボケ」なんて言われてね、そんなの議論でも何でもないでしょう。

第二次大戦期の日本人が、一方的な報道を信じて、軍部の独走を押さえられなかったなんていう事実がありましたね。実は内心、あの頃の人たちはなぜ傍観していたんだろう、なんてだらしない、情けないことだろうと思っていたんです。私は、ともかく生まれたときから民主主義の中で、ある程度の言論の力を信じて育ちましたから。

でも九月一一日をさかいに、話し合いで物事を解決するしくみが十分に機能していないことが、怖いほどわかりました。たとえ世界がずるずると戦争に向かって進んでも、それを話し合いで止めることなんて無理なんじゃないかと非常にリアルに感じて、ぞっとしました。昭和の初めとなんら変わらないんじゃないかと。結局はあとになっておろおろと泣くしかないんじゃないかと思った。苦い経験が役に立っていない！

ことばを最も有効に使って、困難や対立や矛盾を、なんとか話し合いで解決しなければ。たとえまったく価値観や世界観の異なる人とでも、ことばと論理をなかだちにしてどうにかして話しあっていかなければならない。そう思いました。そういうタフな言語能力を、私たちは持たなければ危ない。

先生の戦後の悲願と、少しだけれど重なりますよね。そんなことを考えて、私としては、大村先生の仕事を紹介する人になろうと決めたんですよ。

大村　ええ！　ありがとう、もっともっと何か言いたい。手をとって、ありがとうの上に、もっと何か。

†話し合いそのものを教える時間

夏子　さて、では実際の話し合いの指導を紹介していただけますか。

大村　ふだんの授業でも、活動の中で話し合う必要はいくらでもあったけれども、それとは別に、話し合いそのものを教えるための時間を作っていましたね。今の時代に、国語の先生で、話し合いをやらせない先生なんていません。なんでも話し合ってごらんということになっているでしょう。でも、いけないのは、話し合いを教えていないということ。話し合いをさせる教師、ほとんど全員。話し合いを教える教師、ほとんどない、という状態。話し合いというものをちゃんと理解して、あるべき形を心がけて勉強している子どもはいないわけです。活発に発言できるとか、そういうのはありますね。でも話し合いそのものを教えるということがないと思います。

話し合いの前にはまず教材を用意する。その教材をもとにして準備時間というのを持ちます。ある問題が出てきて、即席で心を通じ合うような話し合いができるなんて、そんな日本人はいないですよ。黙っていることが一番いいことだった時代を長く経た日本人はそういうことはできないです。だからしっかり準備するんです。話し合うことはない、言いたいことはないという人が、話し合いの席にいたらはじめから話にならない。言いたくてしょうがないことが胸の中にあるようにしないと。それが準備時間ですね。

夏子　たとえばどんなテーマを使ったのでしょう。

大村　『少年駅伝夫』なんていうのを覚えていますね。とても勇敢なかわいらしい少年が主人公の短い物語です。一枚の紙におさまるほど短いのです。話し合いに慣れていない子どもには、何ページにもわたる資料を手元で繰りながら参加するなんて、非常にむずかしいことなんですよ。ですから、一目で全体が見える分量の物語を使うのです。

その少年がどういう人であるかを二〇字以内のことばで表現して、副題をつけることにします。まずは一枚の紙の中に一クラスの人数分の副題の案が出てくるの。それを個人個人で研究するんです。どの表現がこの人をよく表しているか。どれが表現としていいか、調子がいいとか字面がきれいとかわかりやすいとかそういうことを考えて、自分が推薦する副題の案を決め、推薦する理由をしっかり持つ。そこまでが個人の準備期間です。そうやって全員が言いたいことを持つわけです。話すことがなくて何も言えない人があってはかわいそう。そして勉強にもならない。話すことがないのに、ほかに、ほかに、なんて言いながら、ただ聞いている教師なんておかしいと思いますね。

そこまで準備してから、話し合いにはいるんです。話し合いの㈠は、案の中に、それは事実と違ってくる、というようなのがないか。あったらそれは省く。㈡は、ことば、言い方があんまり平凡、副題として、人を引きつけるところがないというのを省く。㈢は、いいことば、引きつけることばはないか、という観点で、目立つもの、つまり表現のすぐれているものを選ぶ。あとは、それをつめていって特にいいものを、三から五くらいにする。一つにまでつめなくてもいいんです。時間のつごうで。

つめる、ということは、この場合は推薦しあうこと。いいところをとりあげて、どんなふうにいいか話し合うことです。どの表現がいいかなんていうことを、多数決で決めてしまうのはまずいと思う。決めることが目的ではありませんから。誰さんのが好きである、それはこういうふうに言えているからだ、というような意見をみんな持っている。いいというのが五つ六つ残る。あとは副題としての表現や字面のよさで決めると、この三つがいい、とかいうふうにもっていく。

こういうテーマで何が良いかというと、発言がしやすい。線が太くてね。はじめから曰く言いがたしというようなところに入り込まないで済むの。

夏子　線の太いテーマで話し合いの練習をする。たしかに大事な経験ですね。

大村　先生が子どもの数ほど意見が持てるということも大事ね。必ず教師自身が、みなの中に入って賛成したり反対したり、その話し合いに入れるようにする。子どもだけに任せて子どもに司会させて、教師は見物していて、もっとしっかり発言せよなんていうのは教えていることにならないと思います。

夏子　具体的には教室でどんなふうに動いていらしたでしょう。

大村　とにかく自分がしっかり聞いていますね、そして誰かが発言につかえたときなどにも、それをもう少ししっかり考えてとか、ほかの考えはないかとか言わないんです。だって、ないから言わないので、あれば言うでしょ。たとえば夏子さんが司会をしていてつかえてしまったとしても、励ましたりしない。自分が司会者になってすっと入って続けるわけ。そうするとああいうことを言えばいいのかと思って、具体的なことばを覚えるでしょう。そして話し合いがちゃんと動くようになったら私は目立たないように、すうっと下がってしまう。

†困るとすっと入り、すっと引く

夏子　覚えがあります、そういう場面。話の流れにうまく乗れなかったり、どっちの方向へ向けて自分が言うつもりだったかわからなくなって、うっと止まってしまって、いよいよだめというときに先生がすっと仲間に入っていらしてね。

大村　その子を困らせないで、しかし話を進めるでしょう。話し手の一人になって、あの子になったりこの子になったりして発言していく。みんなそれぞれに、ああそうかとか、それじゃこんな発言をするとか、生きた見本に学びつつ教わりつつ……という状態になって、話し合いも進み子どもも伸びる。

夏子　先生にこうすればよかったという方向を見せてもらったときに、ほんとになにかわかった気持ちがする。ああこう言えばよかったのかって、さっきまでことばに詰まっていた本人がそれは一番よくわかる。もやもやしていて、出そうで出てこなかったことか、出口が見つからないで困っていたようなとき、その思いが生《なま》なときに先生に助け船を出してもらうと、深く納得できるんですよね。そのタイミングをよく見ていらした。

大村 一緒に会をやっているんですから、もちろん真剣に見ていますよ。

どうすればいいかということがわからない子ばかりがいるのではなくて、ただ、ことばが出ない。そういうときは続くべきことばをちょっと聞くと、あとが続くものです。そうしたら、子どもと代わりますよ。すっと消える、うまく席に着く。空席があればそこでもよし、自分の持ってきた椅子（私は小さい丸い椅子を持っていました）に腰をおろしてしまう。今私が言ったように、なんて言わない。「続けて」と小声で言うこともありましたが、たいてい何も言わない。椅子にかければいい。またつかえたら、また入ります。

夏子 身に沁みる勉強でした。話し合いの間のドキドキを覚えています。

大村 決して批判しない。こういうことを言いなさいとは言わない、こう言えばいいと思うことを実演する。とにかくすっと影のように入って知らぬ顔をして実演する。子どもが盛り上がったところを受けて、先へ行けばいいのだから。

夏子 今があなたの発言のチャンスでしょう、という合図をくださることもありましたね。

大村　前の時間に準備しているでしょ、子どもによっては授けておいた発言の種があるの。「今があれを言うときだ」ということを教えないとだめなのよ。これは意外にむずかしいことでもあるんですよ。そして、その発言を必ず大事に受けてやる。子ども任せは危ないから。教師がすぐ受けて。せっかく発言しても、つまらないものだ、話し合いはいやなものだと思わせないのが大事ですね。

夏子　その「今だ」という感覚は、意外と習うチャンスがない。自分が言いたい発言がいちばん引き立って、話し合い全体にも役立つという瞬間って訪れるものですが、でもその瞬間のつかみ方はなかなかわからない。体得するしかない。そしてまた、どきどきしながら言った意見をしっかり受けとめてもらう幸せも、なかなか味わえるものではない。

大村　そのために一生懸命準備しましたよ。偶然出てくる話では間に合わない。あらかじめ考えておけない。だから準備時間をとって。そういう意味では、生徒以上に私のほうが準備しているかもしれない。

夏子　社会に出ても、うまくいかない話し合いの典型というのは、せっかく誰かが発言したのに誰もなんの反応もしなくて、あーそうですか、みたいな感じでね、発言した人も言って損したと思ったりして。そういうばらばらの発言があるだけで、司会者が最後にむりやりまとめておしまい、なんていうのが世の中にはあるのですが。

そういうことをさせないために、とにかく、先生がたくさん準備するんですね。

大村　そう。脚本みたいに書いてみることも多かった。誰さんがああ言って、誰さんがこうと。すると誰さんが反対して、なんて名前を書きながら書いてみる。

夏子　その話を以前うかがったときに、私は、いくら先生が生徒のことをよく摑んでいらっしゃるにしても、話し合いの予測なんて可能なのかなあ、と思ったんです。そうしたら先生は、もちろん無駄を承知でやっているのよって、平気な顔をしておっしゃって、それには驚かされました。話し合いがその脚本通りにいくとはもとより思っていない。

でも、こんなふうかもしれないと一度でも頭の中に持つのと、まったくどうなるかわからないと手放しでいるのとは違う、ということでしたね。

†話し合いのための準備

大村　事前に一人でやってみて、たとえば夏子さんがここでなんと言うかわからないぞ、なんていうところが出てきたら、前もって考えておかないといけない。話し合いを指導するということは容易ならぬことですよ。

それなのに、話し合いというのは先生が楽をする時間で、お気楽に「では互いに話し合ってください」なんて平気な顔して言うでしょ。それではまったく教えたことにならない。

夏子 本気で瞬間瞬間の流れを読んで対応しようと思ったら、もう必死でしょうね。

大村 そう。だから話し合い指導は一日に何回もはとてもやれませんでしたよ。ほんとうに疲れてしまって。

夏子 そんなに。

大村 ええ、くたびれる。何があるかわからない。そして、何があっても対応しないといけないでしょう。たとえば、みんながなにか似たようなことを言って、私もそう思います式になっているときに、それを盛り返さないといけないでしょう。

それから、いろんな話が出ているけどあっち行ったりこっち行ったりして、実りそうにもないというときには、腕前を発揮して、「まとめて新しい問題のかたちで出してみたら」などと小さい声で短いことばで言って、「ああ、そうか」と気づかせるのは大変なの。「えっ、なんですか」なんてことになってしまうでしょ。そういうことの工夫をして指導するのでなければ、話し合いというのはむずかしい。なんとかして話し合いらしくしないといけない。それがなかなか大変。

だからテーマは線の太いものをというわけです。いわく言い難いなんていうようなところの多いテーマでは、そんなことやっていられない。

夏子 主婦として暮らしていても、なにかで話し合うというときの振る舞いについて習ったのは財産になっていると思うけれど、大村教室の仲間も、あちこちでいろいろな暮らしをしながら、「あの人は話し合いに加わるといい役割をする」と思われたりしているといいですね。大事なことを決めなければいけない話し合いというのは、誰の生活の中にもありますよね。それがどうにもふるわなくて、まるで焚き火の火が消えかかったようなときに、じょうずに火をつけ直すような役目を、昔の仲間たちがあちこちでしているかもしれない。

大村 火をつけ直すっていいことばね。

夏子 そういえば、つかえたら先生が途中で入ってきて、大丈夫そうになったらいなくなる、その続きを元気に続けていくわけですが、そういうとき、面白いもので、先生にかなりおんぶしているのに、われながらちゃんと言えた、なんて思ってしまうんですよね。

大村 それが狙いですよ。

夏子 大村先生の教室はきびしかったけど暗くならなかったのはそこなんでしょうね。要求度はすごく高いのに陰鬱な感じはぜんぜんなくて。

大村 そう。陰鬱なんて、口をききたくないということでしょ。国語教室で口をききたくない子どもができたら話にならない。でも話し合いの指導はほんとうに疲れたわ。

夏子 それは知らなかった、そんなにとは。

第三章

教えるということ

大村はま／苅谷夏子

チャーリー・エングマン（15歳）

†単元学習とは何か

苅谷夏子（以下、夏子） 学校関係者ではない普通の大人にとって、単元ということばは聞いたことがあっても、単元学習というのはわからないと思います。単元というのは教科書用語としてはありますね。教科書の目次などを見ても単元ということばは出ているかもしれない。勉強するときの一つのまとまったユニットという意味なんでしょうが、では、いわゆる単元学習というのはどういう意味なのかというと、正直言ってわからないのが現状ではないのかな。

大村 わからない。実際、最後までそうでした。先生の中には、単元学習とは何かということにこだわってやろうと思うならば、やらないほうがいいっておっしゃる方もあったくらい。一人ひとりを大事にして、そのために一番いいと思う教育をなされればそれが単元学習だというんです。定義から入らないほうがいいって。

夏子 大村先生のなさった仕事は単元学習だということは言えるけれども、その実践例を見ても、単元学習の定義が簡単にできるほどには、明白な共通点があるわけではない。教材も方法もほんとうにいろいろでしたし。そのいろいろだという点が共通点なくらいで。

大村 結局、定義なんてわからなかったんですよ。そのあと単元学習のために学力が落ちたといわれた時代がありまして悲しかったりしたけれども、そのときだってほんとうに単元学習をしっかり、ずっとやっている先生はほとんどいなくて、単元学習批判もそういう意味では的はずれでした。

夏子　「ずっと」というところが大きなポイントでしょうね。前の章で「ことばの意味」と「履歴書」という二つの単元を紹介しましたけれども、大村教室ではこういう学習を入学から卒業まで続けていた。たまには目先を変えて、単元勉強でもしましょうというのではなく。イベント的な単元学習ではなかった。

大村　単元学習のよさは、そういうことでは出てこないんですよ。たまに目新しい題材をもとに単元学習をやらせれば、子どもはたいへん喜んでまたこういうのをしてくださいというでしょう。文章を読んでは先生の問いに答えるような授業よりは面白いと思うに決まっていますよ。だから単元学習は喜ばれるなんて発表しているけれども、そんな、たまに特別にやる単元学習を見て、この学習方法について判断するのはおかしいと思いますね。

夏子　一年を通じて常に単元学習をやっていた人は、結局ほかにいなかったわけなの。

大村　でも、他にいないのも、もっともだと思うぐらい、エネルギーのとても必要なことですよね。

大村　そうですよ。

夏子　本当に覚悟と実力のある先生が取り組まないと、ちょっと楽しそうだという程度のことで単元学習をしたらとても危ういという気がする。楽しいから誰も文句は言わないけど終わってみたらなんのための取り組みだったのかよくわからないというような。

†目標なく「子どもの希望に任せる」のは危険

大村　単元学習には非常に教師の力が要るわけ。この単元のめざすものはこれって決めて、そこへ向かって具体的に手を尽くさなければならない。これよさそうだ、これは楽しそうだなんてやっていたら学力低下になるのは決まっている。そんなやり方で、目標もはっきりしないのに、そのうえ子どもの希望に任せるなんていうことをしたら、危ないですよ。まだ選ぶ目もない人に選ばせるわけだから。

夏子　私たちが大村教室でやっていた勉強は、楽しいということばで表そうと思えば表せたけれども、お気楽な楽しさではなくていつも大変な楽しさだった。ねじりはちまきを締めるような心境で作業をしたことを覚えています。

大村　子どもがやりたいと言ったことをそのまま根拠にしてはだめ。人間、やりたいことをやるのも大事なことだけど、やりたくないことでも、やるべきならするようでないと世の中困ってしまうでしょう。

やりたいとか希望しているということをもちろん無視はしないけれど、私はあまり気にしていなかった。学習記録なんか、子どもからやりたいなんて言うものじゃありませんよ。でも、はじめからこれをやるものだという、堂々たる教師の姿勢、それが大事。何を希望すべきか、自分は何が好きか、何が長所かなんてわかるというのはよほど偉い人で、たいていは自分のすばらしさなんてわからないし考えもしない。そういう人たちに向かって、教師は押しも押されもしないような平安な気持ちで、やるべきことを、まるでご飯を食べるみたいにあたりまえにやるみたいな気持ちで差し出すんです。

私は異常かとも思える戦時中の学校への反省があって、覚悟して、無我夢中で戦後教育に飛び込んで、単元学習のスタートにそういう時代があったということ、これは大切なことだと思っています。

夏子　机上の空論というものの正反対。心底めざすものがあったんですね。

大村　授業中に子どもがかわいいなんて思ったことはないですよ。そう言うと子どもによく笑われたけど。この子はかわいいか、かわいくないかなんてね、そんなこと考える暇がなかった、忙しくて。

子どもへの愛情だなんて言われると、そうかもしれないけど、私は別に愛情のためにやったのではない、また自己満足のためにやったのでもない、そういうこととは違う。もっともっと違うことだと。

夏子　そういう意味ではきびしい先生ですよね。考えてみれば、大村先生は熱い部分の裏側に必ず冷静な目を持っていて、目標を設定したり、結果としてついた力を確認することについてはすごくクールですよね。必ず冷静に仕事の成果をチェックをしていらした。熱心な先生というのはあちこちで出会うことがあるけれども、残念なことに結果のチェックが甘いことが多い。そういうチェックというのは自分に課すしかないんでしょうか。

†成果をチェックする

大村　それはそうね。あるいは具体的にはチェック表にして持っていたほうがいい。私も持っていましたよ。表の上のほうに、いま目的にしている能力を簡単に書いておく。縦には一人ひとり生徒の名前が書いてある。そしてその時間に、その目標にふれて扱ったときはチェックを付けておく。とくに私が注意しなきゃならない人もチェックしておく。一人ずつ全部の項目についてチェックするのではなくて、一時間の授業をして三人とか四人とかがチェックになってくるくらいの感じです。非常にいいとかね、ここを今度気をつけようとか。そういうことをやるといいとあちこちで話しましたが、それでやった人もいないらしい。めんどうなのかな。

夏子　それはめんどうくさいでしょうが。第一、一人ひとりしっかりと見てないと、きっとできないことでしょう。

子どもの国語力をつけるのが国語の先生の仕事ですけれども、国語力が実際どの程度ついたかという肝心の結果を、非常に気にしてほしいのに、教えましたよというところで終わっていることが多いような印象があります。「やっておきましたが、あとは知りません」とまでは言わないでしょうが、「あとは子ども次第です」というような印象が強い。

ほかの教科なら、たとえば数学ならば子どもがマイナスの数の計算を理解できなかったらすぐに結果として表れて、あの授業で子どもたちはこれを理解できなかった、テストも

目あてにしている能力チェック表

項目／生徒	積極的に参加する	発言が多過ぎる	主題からそれる	よい転機をつくる	
A					
B					
C					
D					
………					

（注）　相当するところに√をつける。

（『大村はま国語教室』第1巻より）

こんなに悪くて、このジャンルにすっかり穴があいてしまったというようなことがすぐ表れて、問題がはっきりと見えやすいと思うのですが、国語はそれが表れにくいですよね。
つまり国語は、教え方が悪いからすぐにこんな悪い結果が出たじゃないですか、という種類の教科ではない。すぐに結果が出るのはせいぜい漢字ぐらいで。しかも、国語教育が不十分であったって、誰でもそれなりに日本語を使って暮らしています。さすがに母国語ですからね。だから意外に緩く、まあ一緒に教科書を読みましたというだけで済まそうと思えば済んでしまっている。

大村　読書百遍なんていうのを悪くとってしまっているか、浅くとってしまっているということでしょうか、呑気よね。

夏子　一生懸命やりました、という熱気だけに流されない部分を持っていたから、大村教室はバランスがよかった。新しいことをやったという教師と生徒の気持ちの勢いだけで流れてしまっていたら、大きな穴があいてしまったでしょう。今、総合学習で心配なのはそこなのではないかと思うのですが。

†教師の力量の低下

大村　総合学習は危ない。先生方にいろんな力がよほど豊かにないと。でも実際には教えることに拙い。熱意の生かし方が拙い、というより熱意のところで安心してしまうのでしょうか。話にも魅力がない。聞いている子どもがかわいそうなくらいです。

夏子　『教えるということ』の中に、生徒に静かにしなさいって言わなければならないようなら、教師として敗北宣言をしたようなものだ、というところがありましたね。

　中学生なんてキカン坊盛りですから、私は今も「静かにしなさい」ということがあるんです。ありますけれども、ほかの人が言うのと全然違うんです。心に冷たい涙を流し、慚愧にたえぬ思いなのです。ほかに能力がなくてこの人たちを静かにする案も持たなかったし、対策ができなかったから、万策つきて、敗北の形で「静かにしなさい」という文句を言うんだということを、私はかたく胸に体しています。（中略）ほんとうに自分を深く責めながら、自分の無力を心から恥じて、その思いの中で、仕方がないから「静かにしなさい」と言うんです。（中略）いばってなんか言えないし、ましてや子どもが悪者だというような顔をしてこちらから言うなんてことは、私はとんでもないことだという気がします。

先生がこのくらいの覚悟で子どもの前に立ったら、教室の何かが変わるのではないかと思います。そして、覚悟だけでなく、子どもが思わず聞き入る話ができるという力も、先生という仕事には大切なんですね。

大村　教師が面白い話をたくさん胸に蓄えていて、アンデルセンでしたっけ、口を開くとバラの花がこぼれるというお姫様がいたでしょ。ああいうふうに口を開ければ聞くに値する話が出てくるって、そういうふうでありたいと思うけど。でも正反対じゃないですか。

夏子　教師を一人の職業人と考えたときに、専門的な技術などについて、徹底的に具体的に現場で仕込まれる機会というのは、あまりないんじゃないでしょうか。

大村　そう、ないでしょうね。

†教師こそ勉強を

夏子　どんな職業でも、仕事のしはじめの頃には、上の人にこてんぱんに叱られてギャフンということってあるじゃないですか。私も、おまえは根性が曲がってるから仕事がうまくできないんだ、と言われたことがあって、次の日仕事に行きたくないと思ったことがあります。そんなこと言われる筋合いはないっ、なんて腹が立ってね。もう打ちのめされるぐらいにきびしくされて、それでもなんとか奮起してやり直すと、一歩成長したり一つコツを覚えるということがある。だから上の人は、自信を持って下の人に駄目出しをするでしょう。こんなので給料もらえると思うな、なんて言われながら歯をくいしばって仕事しているのだけれど、先生にはそういう場があまりないんじゃないでしょうか。まわりは子どもばかりですし。

大村　あんまりどころじゃなくて、ないでしょうね。ほんとは校長の仕事でしょうね。叱ってくれる、叱らないにしてもこっちに教育の精神を叩き込むとか。

昭和の初め、私が教員になった頃は、信州の諏訪で過ごしたのですが、若い教師の育て方がちゃんとしていて、若造の、今日来たばかりの先生でも、つまらない事務はやらせないで、放課後に残っていると、「用は済んだのかお前さん、さっさと帰って勉強しなさい」なんて言われましたよ。

夏子　授業参観のあとなど、おかあさんたちは結構きびしいことを言っているんですよ。特に総合学習は親の世代にとってはまったく見なれないものですから、あの授業はいったいなんだったのだろう、あれではうちの子にはわからないと思う、なんて廊下で話したりするわけです。でもそこで止まってしまう。

大村　もう少しどうにかと思っても、はっきりとはわからないのかもしれない。もっとそういうことがわかるようになって、試験問題一つ見ても、この問題のねらいは、というような質問ぐらいはするといいと思います。この問題はどういう意味で出ていますか、うちの子はこれをこのように間違えたけど、ではどういうふうにしたらいいのでしょうか、というふうに、先生に聞けばいいですよ。

夏子 感情的にならず、喧嘩ごしにならずに、的確な批判をしたり要望を伝えたりすることはなかなかむずかしいですね。全否定か全肯定かみたいになってしまいがちで、それを恐れて、ついお茶を濁してしまう。

大村 選択肢を聞くなんていう具体的なことが一番いいのよ。先生は冷や冷やするでしょうが。親のほうも勉強して先生を冷やっとさせるようなことを聞けばいいんです。

夏子 親の見識というものも必要なんですね。

大村 親がなんだの、社会がなんだのと、教師は言うべきでないと思うから、私はあまり言いませんけれどもね。教師は、どういう環境であろうとそのなかで子どもを守るのが仕事じゃないですか。誰が悪いといっていてもすまない。社会一般にみても相手が悪いと言う前に、自分が未熟だったということを考えないといけないでしょう。

子どもは優しくしてさえもらえば先生が好きなものですよ。少し前にテレビで、これはお父さんの場合ですが、お父さんと子どもというテーマで、子どもたちからお父さんの困った話やいやな話がたくさん出た。それで最後に終わるとき、お父さんを好きな人って言ったらみんないっせいに手をあげた。そんなものですよ。だから、子どもに好かれてるなんていって、ぽおっとしていては駄目ね。とにかく、教える技術、書くとか読むとか話すとかいったような、いわゆる国語の力が、どの教科の教師にも必要ですね。もう少し魅力的にじょうずにならないと。そういうことについて具体的に勉強してない教師に早速やってもらいたい。テープレコーダーで自分の話を聞くといいんですよ。誰に教えてもらう必要もない。自分のを聞いていれば力がないのがすぐわかります。私は最後まで子どもへの話は練習していた。二分とか三分とかっていう話はむずかしいから。そういうとみんな呆れたような顔をしますけどね。

夏子　最後までって、退職するような時期までということですか。

†テープで話し方の練習をした

大村　そう。七十三歳まで練習はしていたの、こっそりと。先生方はそんな時間はかけられない、忙しくてとおっしゃるけれど、忙しくてもそれが本職ならしかたないでしょう。テープを少しでも聞いてみれば、それは自分ほどきびしい先生はいないとつくづく思いますよ。自分が自分の批評をして大丈夫。ほかの人に聞くからめんどうくさくなる。あっと思うことを直したり、ほかのことばに言いかえてみたり。これはこういう言い方もあったとか。そうやってことばを増やすことを考える。やろうと思っても時間がないなんて言わず、それをやらなくては。本職だから。

夏子　どうも私は根性が足りないんだと思うんですが、自分で話したテープってまともに聞いていられないです。辛いですよね。

大村　本職だから、まともに聞くんですよ。そうやって練習しながら、たとえ二人、三人相手でも、面白い話をいっぱいしてあげましたね。いつもクラス全体に向かって話していたわけじゃないのよ。ストーブにあたりながら話したりする。子どもはおしゃべりでね、一つでも胸に響いた話を聞くと、友達にしゃべりまくるわけよね。たちまち広がってしまうの、面白かった話はね。みんなに一ぺんに話して面白くさせるということは、非常にむずかしくてできない。一人とか二人とかだとすぐ面白くなれるけど。クラスみんなに向けて話すのはね。これから先生がお話ししますよく聞いていなさい、なんて言うのは、ほんとにだめですよ。

そういうとき一割ぐらいの人は何も聞いてない。まあ、お行儀、礼儀ってものがありますから、ちゃんと聞いているようなかっこうはしていてもね、話があったことすら覚えてない。そういうものですし、それでいいんです。四〇人もに、全員に感心して耳を傾けさせようなんて無理ですよ。叱られるときだってクラス中で叱られれば怖くないでしょう。四〇人並べて、「このクラスはこの頃勉強足りないっ」なんて叱っても誰の心にも響かないですよ。そんなこと期待してはいけない。話をするっていうのはそんなもの。

ですからちょっとしたときに話すのが楽しかった。それが好きだったわね。

夏子　聞いていない人が何割かいてあたりまえ、というふうに現実を見るのは、つい避けて通ってしまうことですよね。みんなに言いましたから、きっとみんな聞いたでしょう、なんて、なんの証拠もなくそう信じる振りをして、良しとしてしまう。そういう、言ってみればやりっぱなしの無責任というのは、世の中にあふれているでしょう。私自身も、ものごとの結果を自分の期待から切り離して、まっすぐにクールに見るということが苦手です。大村先生は、そういうところがほんとうにクールですね。先生を前に外来語で失礼ですが、これはクールとしか表せない。かっこいいですね。

†てびきをするということ

夏子　大村教室では、そのときどきに新しい教材をそれぞれの目的や観点や手段で勉強しましたが、そのたびにてびきというものが出ましたね。はっきりと覚えているてびきがいくつかあるんですよ。

その一つは、読書論を読むという単元でのものです。中学生でも手の届くような読書論を、抜き刷りやブックレットのような形で豊富に用意してくださって、それを読んでいき、読書生活への見識を高めていく取り組みでした。

ちょっと話が横道にそれますが、先生は「読書指導」ではない、「読書生活の指導」をなさろうとしていたんですよね。私たちは一年を通して「読書生活の記録」というものを書いていました。読んだ本を記録するだけでなく、新刊本の広告や書評にも目を配って集めていました。相当幅広い読書生活をめざしていたわけです。そして、その一環として、すぐれたいくつもの読書論を読んで、自分にとっての読書というものをとらえ直そうとした単元なんですね。

ただ、そこが大村教室の重層的な面白さなんだと思いますが、ご高説を承りますという読み方ではなかった。自分から能動的に読んでいく。ただ受け身になって読んで理解するのではなくて、自分の思考をフルに関わらせながら読んでいく、そのための訓練でもあったわけです。

てびきには、一から二〇ぐらいの番号をふって、発想を誘う短いことばが書いてあります。たとえば「そのとおりです、私もそういう経験があります」「そうかもしれないけれども、逆にこういう見方もできませんか」とか。あまりうまい例が出せないので、実例を見てもらいましょう。別の単元のときのてびきですが（次ページ）。

こんなふうに、自分からの関わり方の例というのがプリントにたくさん載っていて、そ

〈てびきプリント〉

① これは問題だ。考えてみなければならない。
② これはおもしろいことだ、もっと調べてみたい。
③ ほんとうに？　それでは考えてみなければならない。
④ そうだったのか、それでは、これはどうなのだろう。
⑤ これはおどろいた、どうしてだろう。
⑥ そうだとすると、こういうことを考えなければならない。
⑦ 前から聞いていたことだけれど、やっぱりそうか。考えてみなければいけないことだ。
⑧ ほんとにこのとおりだ、どう考えたらいいか。
⑨ これは、真剣に考えてみなければならない重大なことだ。
⑩ ほんとうに、これはおかしい、へんだ。考え直さないといけないことだ。
⑪ これは信じられないことだ。もっと調べてみたい。
⑫ そうだ、これはやめなければいけない。では、どうすればいいか。それが問題だ。
⑬ こんな一面があるのか、うれしいような気がするが、考えてみなければならない。
⑭ この点は、ひとつ、みんなで話し合いたい。
⑮ これは、自分への宿題です。これからおおいに調べたり、考えたりしてみます。
⑯ こういう本があったら読みたい。

「てびきプリント」の一例

れを眺めながら読んでいくと自然にいろんな発想がわいてくる、魔法のようなてびきだったことを覚えています。「関係ないけれど、ふとこんなことを思いつきました」とか、そんなものまでてびきに入っていた。それを手元に置いて、助けられ、誘われながら読むことで、ほんとうにいろんな発想法があることを実習したわけです。

そうか、本を読むときこういう心の働き方があったのか、こういう読み方があったのか、こういう発想の仕方があったのかということを、具体的にてびきで知ったという気がする。そういう意味で大村教室はてびきが充実していました。その一回の体験だけでなくて、いつもそうだったと思うのですが、そのてびきのお話をお聞きしたいのです。

†教科書のてびきは「手引き」ではない

大村 そもそもてびきというのは、教科書のてびきというのとぜんぜん違う。教科書のは問題集みたいなものでしょう。

夏子 そうでしたね。「一、第一段落で主人公がなぜ○○したのか、考えてみましょう」とか、「二、この段落と前の段落の関係はどうなっているでしょう」とか、そんなふうに書いてある。

大村 西尾実先生も、教科書についているのはてびきではなくて問題集だとおっしゃっていました。ほんとうのてびきというのはこんなものではないはずだと。子どもに向かって、丁寧に読みなさい、詳しく書きなさい、深く話し合いなさいなどといって命令するだけでは、専門家としての教師の仕事ではない。それがちゃんと実現するようなてびきを教師はすべきだと私は思っていますが、てびきというのはそういうことです。それをしないで命令や解説をするだけでは、教えたことにならない。

先ほどの例は、問題発見のために読むという単元ね。本を読みながら、考えたいことや問題をとらえる。子どもは、そう言われれば、何か問題をとらえるのだなと思って読むでしょうが、問題なんてはじめからそう簡単にうまくとらえられるものじゃないですよ。それがうまくいくように、てびきはそのきっかけを作るためのものです。どれによってとらえてもよくて、偏っていてもいい。つまりこれだけあっても、端からやっても構わないけれども、ちょんちょんと選んでやってもいいし、抜かしてもいいし。

夏子 てびきのプリントを目の前に置いて、記録用の紙も用意して、鉛筆を握って、そしてテキストを読んでいくわけですよね。本を読む、たまにはプリントを眺める、あ、そうかこういう感じ方、こういう視線もあるんだなと、もう一度本に戻る、そんな読み方をするのでした。

大村 このてびきは子どもの心の内側の声になって書くんですよ。子どものことばで書いてあるから、よく考えつくんです。自分でも自然に言えそうなことばに引かれて、心を耕すものなの。

深く読み込んでいって問題をとらえるといっても、もう少しよく読んでみなさいとか、気をつけてとか、そういう指示をするのではなくてね。こういうふうに子どものことばでとらえていることが、このてびきのよさだと思っています。読みながら考えていると、たいてい、どれかには自分の考えがうまく当てはまるのよね、ちょうどいい塩梅《あんばい》に。

夏子 てびきには、ほとんど同じような内容が違うことばづかいで書いてあったりもしました。それで一度、先生にこれとこれはどう違うんですかって聞いたことがある。そうしたら先生は笑いながら、違わないのよって。でもあなたはこっちでピンとくるかもしれないけど、こっちのほうがピンとくる人もいるのだから、自分にとって合っているほうでいいのだとおっしゃった。そういう、一見すると無駄のようにも見えるような、重なりの部分とか、あえて厳密であることを追わない部分というものが大村教室にはあちこちにあって、これがあのレベルの高い授業に独特の温かみを添えていたような気がします。

†てびきとは心を耕すもの

大村 「これは驚いた、どうしてだろう」なんて思って、驚きながら本を読む。こういうふうにしておけば自然に本を豊かに読むことができるでしょう。考えたことをなんでも書き出しなさい、と言ったのでは、この半分どころか一つ二つぐらいしか子どもからは出ませんよ。

夏子　さっき先生がお使いになったことばで、読むときの心を耕すって、ほんとにそのとおりですね。一つ一つの考え方は不自然ではない、自分でもきっかけさえあれば出てきそうな発想だけれど、でも耕されないと気づかないことが多い。

大村　そういうものでしょうね。

夏子　万能のてびきというのが一つあって、いつもそれを使っているということではなくて、一つの仕事に一つのてびきというふうになっていましたね。

大村　作業するときは必ずそのためだけに作ったてびきをあげていましたね。教室の子どもになって、たとえば小林さんならこの場面でこのことばから思いつくな、というふうにてびきを作っていくんですよ。それがコツです。とても具体的なもので、子どもなしにはできない。子どもの心を読みながらやっているわけ。いつも本気になって体全体で子どもを読んで、その上で、子どもの心にありそうで、でも自発的にはことばになって出てこないようなものを、私がことばにしているわけです。

よくてびきはいく種類あるんですかって聞かれたけれども、心外だった。いく種類かモデルがあって、それを使い回そうなんて思うならば大間違い。

夏子　学習内容と教材をよく知っていて、そして子どもをよく知っている教師であれば、たとえいちいち作るとしても、それほど苦心しなかったのではないですか。

大村　苦心なし。てびきの下書きしたことはないですよ。具体的な子どもがいるからできるんです。○○はなんて思うかな、□□は、きっとこう思う、△△はきっと……というふうに、一挙にやる。下書きなんかするから、時間ばかりかかって続かないんでしょう。

夏子　どの場合にも当てはまる万能のてびきなんていうものを一つ作るよりは、そのときどきにちょうどいいてびきを作るほうが簡単なんでしょうね。

大村　そうです。同じような作業をするときに、以前の使えるのがあったとしても、かえってそれを使うほうが面倒。

夏子　今ぴったりなものを作るほうがよほどやりがいもあるし、いいものができるんでしょうね。そういえば国語好きの仲間では、学年が進んでくると、わざとてびきにない別の見方・考え方をしてみたくなってくるんです。面白くなってね。

大村　思わず読んだり書いたりする。そこがてびきのいいところでしょうね。

とにかく、いちばん大変なのは子どもを知ることですよ。子どもを知らなければどうにもならない。教材のほうはある程度勉強すれば追いつくけれど、子どものほうはどんなことばづかいで誰がどんなことを言っているか、しょっちゅう聞いてないといけない。教師はそうでないと。

夏子　中学生といえば思春期の頃で、心の深くにあるデリケートなことがらを、先生聞いてくださいなんて打ち明けることは、あまりないですよね。

大村　ないない。

夏子　そういうことはあまり言いたくない。学校ってそういう話をするにはあまりふさわしくないような気がするんですが。だいいち、ほんとうに心にかかっている思いなんていうものは、どこでだって、誰にだって、やすやすと言えるものではない。簡単に言えるくらいのことなら、程度は知れているんじゃないでしょうか。ほんというと今、自分にとって何が問題かなんて、自分だってよくはわからなかったりするんです。簡単な解答や解決法があるとも思っていない。だから、意外なくらいに、ほんとうの深い思いというのは口にしないものじゃないでしょうか。

先生がおっしゃる子どもを知るというのは、そういううち明け話などとは違うレベルのことなのでしょうか。

†「子どもを知ること」が最大の仕事

大村　そうですよ。それがうまくいかないから学校でいろいろな問題が起こるのだと思います。教師から問いを出して真実を聞き出すなんて無理なこと。子どもを知るというのはとにかく大変なことですよ。教育の仕事で最大のものではないかしら。その力を持たずにいろんなことをやっても、うまくいかないというくらい。

私は、自分から問いを出して「このごろどんなふうですか」などと聞いて返ってくる答えのなかには、真実はないと決めていました。そうでなくて、私がいろんな話をしていて子どもも面白く聞いているうちに、思わず自分から自然に出てくる話、そのなかにピンピンと感じるものがある、それを感じとるのが教師の力じゃないの。

夏子　そのピンと感じるというのも、話の内容自体ではないということでしょうか。

大村　子ども自身にも言えないことのほうが大事なんじゃないのかしら。メモを取りながら対談する人もいるけど、メモするほど生徒の嫌う格好はない。メモしなくて忘れてしまったらそれでいい。忘れていいようなことだったのではないのかしら。それよりそのときどきの話をちゃんと受け取って、忘れるも忘れないもないというくらい、身に染み入ったようにして聞くことだと思っていました。

夏子　そういえば、話しことばで与えたてびきというのもたくさんあったということをおっしゃっていましたね。

大村　たとえば一人ひとりに教材を渡すときに、ただ「はい」なんて言わない。黙ってはいられない。この人にこの本を渡すわけだから、本と人が出てくれば自然に、そんな思案をしなくても、言いたいことの種はもうこっちにあるわけで。

「外国人は日本（日本人）をこのように見ている」という単元のときに、一番厚い本を、不憫なほど勉強が苦手な子どもに渡したことがあってね。そういう子には小学校の教科書みたいな簡単なものを丁寧に教えたらという人がいるけど、そういうことはするものではない。そんな屈辱がありますか。

新しい教材を渡すときというのは、みんな一生懸命に聞いているものです。そのとき、普通の声でね、その子に言ったんですよ。「一番厚い本で大変だけど、私も手伝って一緒に読んでいくから。そして読書会の場に出すのだから、楽しみにしてなさい」って。あれもてびきだったでしょうね。

どうやって助けるかといったら、読むたびに内容がどういうことか、ちょこちょこっと書いてあげるの。そういうふうにして、その一番厚い本がどんなふうになっているのか、なんとか助けて読んでいく。厚い本が偉いわけではないけど、子どもは光栄に思っている、そしてみんなの前で私が頻繁にそこへ行くことを容認してもらう。
そうでないと子どものほうも、自分ができないから先生がしょっちゅう来ると思ってしまうし、ほかの子も先生が手伝っていると思ったりする。
ただまあ、実際は、教師がどの程度誰のところへ行くかなんて簡単にはわかりません。そういうところが、教材がいろいろあることのいいことでもあるんですけれどもね。

夏子 大村教室では、たしかにあまり人のことをあれこれ言っている暇がなかった。自分のことに一生懸命で。

大村 そういうふうにしておくのがいい。頭のいい人が本気になって人のことを探り始めたらなにもできやしない。手伝ってもらっているとか羨ましいとかずるいとか、そんなつまらないことを考える暇はないのが一番。

夏子 てびきというのは、文字通り手を引くということでしょう。そうとらえると、大村教室では、私たちの知的な活動全体に先生のてびきがあったように思います。図書室に、先生がお勧めの本を置くキャスター付きの書棚がありましたけれども、実はそれが用意周到な、次の単元のための布石であったことが、よくありましたね。

さりげなくある系統の本が置かれるようになって、珍しい本だなと思っていると、気がつくとある方向に流れができていて、ある日、さあ、今日から新しい単元ですよ、といって始まる。図書室にさりげなく置かれた本がいつのまにかガイドの役目をして私たちの関心を、これまでまったく気づかなかった世界にふっと向ける。馬の鼻面を向けるようにして、ちょっと向かせてやる。これも、ある意味でのてびきだったのではないでしょうか。

†試験と評価と

大村　教師を辞めて二十年以上もたったころ、学力低下とか単元学習の失敗とか言われはじめて、本気で心配しました。教師の職業の根幹に関わるようなことですからね。胸がざわざわとして、とても落ち着いていられません。べつに私の生徒の力が足りないと言われているのではないと、理屈ではわかっているけれども、じっとしていられないぐらいです。悔しい。それなのに現場から憂いの声や憤慨の声が出てないのがほんとうに寂しいですね。

そして学力が低下していると言う人が、何をもとにして言っているのか、確かめてないし、実態がわからなかった。国語に関して言いますと、学力低下を心配したときに、たとえば単純な漢字の書き取りのような力なら、どのように測られていたらその結果を信頼できて、そしてそれをもとに教育が進んでいけるか、そこのところが大事だと思いました。そういうことを教育の世界の評価というのでしょう。確実に子どもの学力を診断できるような試験をした結果として言われていることなのか、そこが疑わしいという気もしているんですよ。

夏子　たしかに、学力低下を云々するためには、その前段階として、国語力とは何か、そしてそれをどう評価するかということが、大事になってくるでしょうね。

大村　たとえば漢字に限って見てみましょうか。子どもの漢字の間違いというのは、種類としてそんなに多くないですよ。全然わからないという人がいるでしょう、それ以外に、全然違った別の字を平気で書く、よく似た字を書いてしまう、音が同じ字を間違えてしまう、意味が似ていると書いてしまう、偏やつくりといったことが苦手なために間違える、点一つ線一本足りなくて間違える、そんなところでしょうか。

そういう分析がちゃんと教師の側にあって、テストはその判定のために出題されるのでなければならないということです。この病気を持っているのは、クラスの誰と誰だ、それを診断するために問題を作っている。それが教育のなかでの評価ということ。そういう評価でなければ、教育のなかで生きてこないですよ。

夏子　たとえば中学の卒業までに習う漢字というのが千以上ありますね。漢字の書き取りが十問あったとして、これとこれは迷いもなく書けるけど、この字はうっかり全部忘れてしまった、この字についてはぎょうにんべんだったか、こざとへんだったか忘れた、なんて、一人の人間でもいろいろ複雑に問題点・弱点が混ざっていますよね。自分の漢字力になにか傾向性が存在するなんていう気がしないほど、知っている字もあれば、知らない字もあります。入り乱れています。読解はもっとそうで、この文章ならば読み取れたけど、この文章だと迷子になるようなことが一人の人間のなかである。

今の先生のお話で、この子にはこういう病気があるといったときに、その病状は一人について見ただけでも相当に複雑でしょう。そういう生徒が四〇人いたりしたら四〇倍複雑になる。それを、複雑なまま受け取るということですか。

†一人ひとりの症状が違う

大村　そうです。Aという病気の人が誰さんと誰さんというふうに。毎度毎度、全部の症状が現れるわけではない。今回のテストでは、こういう病気があるかどうか、こういう癖があるかどうか、その部分しかわからない。他のはいい加減に出ていることだってありますよ。

夏子　つまり一回の診断で、すべての症状がわかるわけではないということですか。

大村　そうですよ。一度に全員のすべての病気を調べることはできないことです。

夏子　非常に複雑であることを承知の上で、それを確かめながらいくということですか。

大村　一ぺんに確実にはわからない。今度はこの力についての症状を確実に掴みたいと思って問題を出すでしょう。ですから、このテストではあまり診断にひっかからないという子どももできてしまうでしょうね。それはしょうがない。何回も重ねて見るわけですよ。今度は第二問のウという選択肢のところで、誰々さんたちを見ようとしているというようなやり方を積み重ねていく。その診断をずっとためていくうちに、夏子さんが失敗するならこれだ、と摑めてくるわけですよ。

そうしたら、ちょうどいい機会をつかまえては、間違えやすい病気のことを、ちょっと一言ずつでも言っていけばわかることなんです。そうやってなおしていくんです。

それなのに、なんでもいいからむずかしそうな字を出しておいて、一〇個のうち八つできたから大丈夫だとか、そういう考え方をしているのがおかしい。評価というのはどれだけできるかという試験とは違う。教師として、このクラスではどんなふうな力を持った子どもがどのくらいいるかということを確実に知る。どんな病気のある子が誰と誰ということをとらえてこれからの指導の方法を考える、それが先生の役目ですよ。

夏子　お医者さんが治療の前に診断するようなものですね。

大村　そうです。だからいくつ間違ったということは大したことではないの。きちんと診断ができれば、今度は有効な指導を考えるべきでしょう。

ところが漢字のようないちばん単純な学習が、実際は長いこと大した工夫もなく、ただただ何度も書いて覚えるというだけで進められてきているでしょう。国立国語研究所で聞いたことですが、見ながら何度も書いてみるという旧来の方法でちゃんと覚えるという人は約三分の一ですって。あとの人は、ほとんど見て覚えるのだというのです。面白いものを読んでいて面白いと思った瞬間に、心がいきいきと動く、そういうときに見た字というのが頭に入ってくるのだそうです。だから漢字力はその子どもの読書範囲にも関係してきて、読書指導の助言も、漢字学習の役に立つはずですよ。

でも依然として子どもは、なんの疑いもなく何度も何度も書かされているでしょう。そういう呑気さが残念なの。

夏子　たしかに漢字の勉強法に進展があったようには見えません。

†間違いから学ぶための試験を

大村　読解力のテストなど、よけい簡単にはいかないですよ。書き取りみたいにはいかない。間違いの種類がもっと複雑でしょう。中学生だったら長い文章で書かれているところで、はかなく引っかかってしまうんですよ。長く見ているうちに強い印象を受けてしまうのね。ちょっと洒落た格好のよい文句があると、それにむやみにひかれてしまうこともある。自分の興味や経験に関係のあることが入っていると、そこばかりに目が向いてしまうこともある。

問題を出してアイウエというような選択肢を作るとき、正解以外の一つ一つがどういう読解の病気があるかということを示していなければ診断にならない。でも、世の中で行なわれているテストを見ると、なんとなく選択肢が並んでいるとしか私には思えないんですよ。だからイを書いた人というのはただバツが一つ増えたという、それだけ。でも、そういうことではないの。そういう変な癖を一つ持っているんです。それを直さないとだめ。

夏子 きちんと作られたテストであれば、一つの間違いから一つのことを学び取ることができるのでしょうね。

大村 そう。いい加減に作ったテストでは、できたできないということだけは言えるけど、その子を自分がどう指導したらいいかということはわからない。こんなふうに教室の診断のための評価もあいまいですが、選抜のための入学試験などを見ても、目標のはっきりしない問題が多くてね。悲しいですよ。私が鍛えてきた言語生活の力などには触れてこない試験ばかり。もう少し程度の低いところで、できた、できないって騒いでいる気がする。

夏子 幅広くとらえた国語力を視野に入れているような試験問題がなかなか出ていないですね。

夏子 入学試験などは社会的にも注目されますよね。塾や予備校が分析して来年の予想をしたりする。子どもの学習の方向もずいぶん影響を受けます。試験問題を作る人は責任が重いですね。いい問題を作ってくれればいい影響力を及ぼして、その前の段階の教育をよくする可能性だって持っているわけです。こういうことを試験されるなら、こういう勉強をしておこうと思える。うんといい試験を作ってもらいたいですね。

†試験後に、よい解説をつけることが大事

大村　いい試験問題を十分に考えて作って、それの解説をぴしっとつけることは、ほんとうに大事ですよ。かえって塾がそういうことをやろうとしているようですね。

夏子　自分の子どもの頃を思い出してみても、あいまいな試験を受けていると、どんどん国語に対する信頼感をなくしていくんですよね。一種の勘で答えるようになる。間違えたとき、こういう原因で間違えたのだから、もう同じ間違いをしないようにしよう、というところまで到達できないんです。そんなだから国語はまともに勉強のしようがない科目になってしまう。

でも、たまにはよくできている読解の問題に出会うことがありますよ。そういうときには、その問題に答えようとしたことで読みが深まるわけです。テストというと、子どもは勉強嫌いでもなんでも、とりあえずふだんよりは一生懸命になるでしょう。けっこう集中して本気で文章を読む。せっかく本気で読んでいるのに、当てもののようなことをしてし

まうと大きなマイナスですが、でもいい問題だと、ああなるほど、というような体験をすることもあるんですよね、まれには。

大村　大事にしてほしいわね。先生方が一生懸命にテストを作り、指針を得てほしい。

テストの後の手引きも、私はいつもプリントしましたね。ああいう話は、一度で聞くなどということとはちがって、耳で聞くだけで勉強していくことが無理だと思っていましたから。二枚か三枚のプリントで、イと書いた人はこうでないか、ウと書いた人はこういう誤解をしているのではないか、というふうに解説をやった。それを書くのはそうとう大変でしたよ。責任を持って、子どもになるほどと思ってもらわないと。

夏子　ともかく、書き取りでも読解でもそうですが、評価というのがあくまでも学習の指針を得るための評価で、それは伸びようとするために測っているのだ、測ることが目的で測っているのでなくて伸びるためなのだという先生の姿勢がとても明確だったから、大村教室の生徒たちは学習者としてとても自覚的だったと思います。

自分が力をつけることを、子ども自身が自分の問題として大事に思っていた。少なくとも意識していた。これは中学生くらいではあまりあたりまえのことではないですよね。漠然と力をつけたいと思っているかもしれないけれども、はっきり自覚的に思う子どもはそうはいない。

たとえば数学で方程式を解くのが苦手だから、今日は問題集を使って一時間勉強しようというときに、だいたいの子は一番から順番にやっていく。でも、ちょっと勉強に自覚的な態度を育てている子は、問題集を見回して、この問題はできるからパス、これも大丈夫、でもこういうのは苦手だからやっておこうとか、そういう態度を取れる。

この差はとても大きいですね。それができるかできないかで伸びがぜんぜん違う。大村教室では多くの生徒が、自分がやるべき課題にちゃんと気づいたり、自分を育てる方法を取ろうとしたりすることができた。自覚的な学習者。それはやはり大村先生の基本的な姿勢が作ったものなのだと思います。

大村　テストをどう大事にするかなんて、それほど深遠なものではないのよ。教師だったらわかること、気づくべきことなの。

どんな判定をしてみて学力低下と言っているのか。低下しているのが事実ならばそれはなぜか、どうしたらいいのか。そういうことをなぜ本気で考えないのかと思って、残念で悲しかった。

†教えない先生

夏子　大村先生が『教えるということ』という本をお出しになったのは昭和四八年（一九

七三年）のことです。この本は新卒の若い教師に向かっての講演をまとめたものなんですが、その中で、講演の題目を「教えるということ」としたのは、「教える」ということをないがしろにしている先生がたくさんいて困るからだ、と言っていらっしゃる。子どもに対して指示や注意や命令をするだけの先生が多い、教えなければ専門職としての教師ではない、ということがいろいろな例を挙げて書かれているんです。約三〇年前にそういう指摘をなさった。三〇年たった今、教育をめぐる考え方も大きく変わってきましたが、結局、教える力はどうなったのでしょうか。

大村　さらに落ちたように思いますね。教えなくなった。

何年か前、研究授業で見た光景ですが、子どもが作文を書いたあと、クラスで互いに作品を交換して、こんなことをもっと書き足したらどうかということを便箋に書いて作者に渡すという活動をしていた。もらった人はその助言が納得できたら書き足す。そういう授業だったの。

そのとき、私の目の前の席にいた男の子が友達から手紙をもらった。男の子は、それを見て納得がいったようで、もう少しなにか足したほうがいいと気づいたのね。それを書き足したんです。そしてちょうどそばに回っていらした先生に、「書けました、これは、どこへ入れたらいいでしょう」って聞いたんです。そうしたらその先生が、その子の頭をくりくりとなでて、「それはこのいい頭が考えるのよ」と言ったの。

それはとてもかわいい、ほほえましい情景だったことは確かです。そのあとの研究会でもたいへん好評でね。暖かな先生の姿としてほんとうにいいってほめる声があがりました。でも私一人むっとしていた。それじゃなにも教えていないでしょう。

私がやるのだったら、まず、「そうねえ」ってその文章をよく読んでみる。それから、「段落は五段ね。それでは二段目のあと、ここならいいかもね、いや、最後の段落の前でもいいかもしれないわね」とか、せめて考える焦点を三つぐらい出して、それはこのいい頭が考えるのよ、とやると思う。ヒントもなにも出さないでは教育にならない。

今、そういう先生が多いでしょう。子どもに考えさせるのがいいことは決まっています。そんなことはあたりまえです。でも、ヒントも出さないでいきなり、それはこの頭が考えるのよって言ってもねえ。いい頭と言われたのがうんとうれしいから、子どもはにこにことするし、優しい先生ということになる。形の上では子どもにも考えさせたということにもなるかもしれない。でもほんとうには何も教えていない。よさそうな新しい先生のようでいて、しかしなにも教えていないでしょ。

夏子　ここでもいいかもしれないけど、ここもいいかもね、というような助言ってほんとに大事ですね。何かがよくわからないときというのは、考える糸口すら見えないでしょう。

自分としてはよく考えているつもりだけど、実はごちゃごちゃとただ混乱しているばかりで、ほんとうのところは何も考えていない、そういうことは子どもに限らず、大人だっていくらでもあります。そんなときには、よく考えなさいなんていうアドバイスはなんの役にも立たない。せめて考える向きというか、問題の区切り方というか、そういう具体的なヒントがほしいわけです。ただぼーっと眺めていただけでは考えたことにならないということだって、教えてもらわないとわからないことですよね。

せっかくのそういうチャンスを逃してしまっては、やはり教えてないということになるわけですね。

大村　子どもの頭をなでて、二人でにこにこしていたって困るでしょ。

夏子　「あなた、それは自分で考えなさい」って、私もよく母親として面倒なときに使う手なのですけど（笑）。おかあさんならいいとしても、でも学校はそれでは困る。おかあさんの仕事は別の仕事だからいいけれども、教師はまったく立場が違う。

†戦後の教育の大失敗

大村　それによって生活しているんだから。そうやって生きているのだから、それだけのことはなさないといけない。あの日のことは忘れられないの。悲しくて。みんながかわいかったねって言うでしょう。かわいければいいのですかって言いたくなってしまう。

戦後の一番の失敗は、先生方が教えることをやめたことにあります。教えることは押し付けることで、本人の個性を失わせると、そういう話がたくさん出たでしょ。そういうのがちょっとしゃれて聞こえた。戦後の教育の大失敗ですよ。先生とは教える人でしょう。教え方が悪かったので詰め込みになったかもしれない、だけど詰め込みになってしまったことがまずいだけだったのに、教えることを手控えてしまって、あの頃から教師が教師とはなにをする人かというのを忘れたのではないかと思う。

そして子どもの好きなこと、興味のあることをやってみましょうと、それに夢中になってしまった。実に不注意だったと思います。選ばせるときに先生がてびきをしないのだもの。自由にやってごらんと言って、先生はただ見ているだけ。これがいいのではないかとか、こんなことを考えてみたらどうかとか、はっと気づくようなことを言えるのが教師ではないの。どうしてそれができなかったのだろう。

夏子 大村単元学習では、たとえば先生が丁寧にてびきをつけますね。そういうのを一種の押し付けだ、生徒を型にはめているというふうな批判もあったと聞きました。

大村 ありました。

夏子 つまり子どもの自由に任せない、子どもの考えを誘導しすぎるという言い方があったということですが、それについてどう思いますか。

大村　悲しいですよ。教師が教えることをしないでなにをするのですかって言ったことがある。好きなことだけでなくて嫌いなことでもやらなければならないことはやる。そういう人に育てるのでしょう。実際の問題として、みんなが好きなことだけをやられたら困る。

†てびきをしたくらいで「個性」は損なわれない

夏子　もう一つ、子どもの自主性とか個性、想像力というのが、じょうずにてびきをしたぐらいで損なわれるかという問題があるかと思う。どう思いますか。私は自分では損なわれた気などしていないけれども。

大村　損なわれない。それと同じことを、なにかのときに芦田恵之助先生（大正・昭和期の国語教育者。「綴方は自己の想を自己の言葉で」といった子どもの主体性を重んじる教育観を提唱した）に聞いたことがありますよ。大村さんはそう思うのかと聞かれて、思いませんと言ったら、それならいいじゃないかって。あなたがほんとうに子どもの個性が失われると思うのだったらすぐにやめなさいと。でもあなたがそう思わないのだったらやめる必要はないし、それでやっていけばいいとおっしゃった。

夏子　大人であれ子どもであれ、人が持っている想像力とか発想というのはそう簡単に死ぬものではないですよね。

大村　そう。だからそんなこと迷わないで、しっかりやっていけばよかったのだけど。

夏子　なぜあんなに手控えてしまったのでしょうね。

大村　そのほうが楽だったのではないの、もしかしたら。

夏子　サッカーでも野球でもいいですが、そういうスポーツをやるときには基本的な技術がとても大切だから、まずは、こつこつ走るとか基本動作を確実に覚えるとかいうような地味な練習を積むしかないですよね。一番いいフォームがすっかり身につくまで、素振りを黙々と繰り返すような部分です。コーチは、それこそ手取り足取りで、理想的なフォームを教えることに迷ったりしないでしょう。

ところが、学校の先生方が勉強については、そういう基本的なことを教えるのに、スポーツのコーチほどには手取り足取りしていないような感じがありますね。学校というのは、本来はそれが目的のはずで、実際、子どもたちは一日のうちの数時間を学業のために使っているのに、あまり勉強を重要視しないほうが健全なのだという空気まであるように思います。以前、ある小学校の新任校長が、父母への挨拶で「仲良く楽しい学校にしたい。勉強させたい方は塾でどうぞ」と言ったという話を聞きました。

子どものストレス、いじめなどといった問題を解決する方法として、勉強のことはあまり気にしなくてもいいよ、というスタンスを学校自体がとりはじめているようです。大きな矛盾ですよね。「勉強はあまり大切じゃないけど、まあほどほどにやろうか」なんて言って、子どもに何が伝えられるんでしょう。学校という場は、勉強自体がもっとうんと楽しければ、子どもにとっても良いことなのではないでしょうか。そっちの方向で先生方に努力していただきたいと思うのですが。

大村 本気になって単元学習をやればいいと思いますよ。でも、私の仕事を理解してくださってる先生方のなかにも、単元学習をやりとおしているという人はいないの。

夏子 たしかに容易なことではないから。単元学習は、きっと教師として覚悟のいる道ですね。大村先生の教え子に国語の教師になった人間があまりいないのではないですか。実際を知っていればいるほど、容易にはまねできない。私もとっても好きだったけれども、国語教師にはちょっとなれないと思いましたもの。

第四章

中学校の教室から大学の教室へ

大村はま／苅谷剛彦・夏子

苅谷麻子（中学1年）

†捨て身の覚悟で赴任

苅谷剛彦（以下、苅谷） お久しぶりです。一〇年くらい前の深大寺のお花見以来ですね。

大村 あのときは、まだ小さい赤ちゃんを大事そうに面倒見ていた、若いおとうさんでしたけどね。

苅谷 大村先生とは不思議なご縁があります。先生は戦後、それまで二〇年近く教えていらした旧制の高等女学校から、産声をあげたばかりの新制の中学校へ移られた。その最初の学校、深川一中が僕の出身校なんです。

大村 そうなんですってね。

苅谷 夏子と結婚して、うちに先生のご著書があったものだから、読ませていただいていたのですが、深川一中が出てきたときはびくっとした。そして先生の最後の中学が石川台で、彼女がそこで教わった。

苅谷夏子（以下、夏子） 偶然ですね。深川一中は終戦直後のことで、あたりは焼け野原で瓦礫だらけ、大人は食べるのに必死、そんな中だから、学校に子どもを集めても勉強どころではなかったそうですね。

苅谷 僕は昭和三〇年生まれですが、あの辺りはその頃でもまだ落ち着いていなくて、ほかの中学へ越境入学する子どもも多かった。そういえば昔の汽車の客車をそのままどこからかもらってきて、それを家にして住んでいる友達がいて、電車の家と呼んでいました。客車に間仕切りがしてあって、そこに二家族ぐらいが住んでいた。僕らが小・中学校に通った昭和四〇年代ですら、まだ弾痕をコンクリートで埋めたような、そういうところが校舎の壁に残っていた。戦争の跡が、まだ多少は残っていたんです。大村先生の深川一中の話を読んだときに、時間を飛び越えてあの時代に会ったような気がして、ほんとうに不思議な縁を感じました。

大村　私は、捨て身というような気持ちでね、来てくれませんかって言われて、なにも考えずその場で参りますと即答して、それで深川の先生になったんですよ。行ってみたら、親たちは生きるために夢中だから子どもを教育するなんて考えてもいない。夕方に町を回って、遊びほうけている子どもをうちへ届けることがあったんですけれども、うちに帰りましょうって言うと、帰らなくていいんだよ、なんて言うの。それでも送り届けると、親も「こんにちは」とも「ありがとう」とも言わないで、子どもの服をぐいと引っ張って、「どこにいやがったんだよ、お前」なんて言ってね。私に挨拶するなんてことはない。

電車の家で思い出したけれど、畳借りというのがあった。間借りならまだいい。畳借りというの。一つの部屋で、この畳が苅谷さんでこの畳が大村さんって。だから勉強するだのなんだの、そんなのはもう別世界。貧困というのはどういうものか、考えてしまうぐらいですよ。あの頃はみじめだった。

苅谷　でも結局、そこが先生の単元学習の原点になったのだそうですね。

†単元学習の原点

大村　学校とは名ばかりのあまりにひどい状態に、たちまち絶望してしまってね。これでは真心でなんとかなるものではない。このままでは自他ともに滅することになる、だめだと思って、ほかに相談できる方もなく、それまで個人的にはお会いしたことのなかった西尾実先生のところへ行ったんです。

西尾先生は人の話をおしまいまでよく聞く方だったんですよ。体中で聞く。そういう聞き方を勉強できたのは、ほかには俳優の宇野重吉だけでしたよ。のちに子どもたちがスピーチをするときなどに、やはり誰よりも先生が一生懸命に体中で聞くという姿勢をして、スピーチを引っ張るものだと思ったものでした。

ま、とにかく西尾先生はそのお手本みたいにほんとうに一生懸命聞いてくださったんです。私は実情を話して、努力してもできないということがわかったと言いました。戦後のああいう状態の子どもには、自分はなにもできない、不可能だと言ってね。

「困ったね、では高等学校へ戻れるようにしてあげよう。そこでできることをやったほうがいい」などとおっしゃってくださることを期待していたわけです。先生に助けてもらいたかった。それなのに私が全部お話しして、おしまいになったら、西尾先生は「話しはそれだけか」とおっしゃった。それだけかって言われてもねえ（笑）。しかたないから、「はい」って言った。そうしたら「死んでしまったり病気になってしまったりしたら困る。でもそうでなければ、これが本物の教師になるときかな」っておっしゃったんです。

私は感激してね。なんにも言えないでただ丁寧にお辞儀して出てきてしまった。

帰り道でどうしたものかと考えましたよ。先生はもう私をどこへも移してくださるはずはない。そのとき、ふと新聞のことを考えついた。

苅谷　すぐその帰り道のことなんですか。

大村　そう。戦時中、強制疎開で私は千葉県我孫子《あびこ》市に一時移ったんですけれども、そのとき、茶碗やら何やらを新聞にくるんで運んだわけです。当時は私だけでなく、だれも新聞紙は大事にしましたよ。ご主人は、仕事に行くときに必ず新聞一枚ポケットに入れておくといったような。そんなふうに新聞紙は財産だった。だから今の人が新聞紙を見るのとは違うかもしれないわね。

でも、なにか特別の目的で取っておいたのでもなんでもない。靴を包んだりお箸やお皿を包んだりした新聞紙ですから、古いのも破れたのもあって、教材なんて結構なものではない。それが、まあたくさんあったわけです。

とにかく子どもの数ほどないとしょうがない。新聞を丁寧にのばして、教材として使えそうな記事を探して、はさみで切っていって、百枚ほど作った。ほかに余分な紙などはないから、記事の余白に一枚一枚、学習のてびきを書いていったんですよ。これを読んでどうせよということ。それも、この文章を読みなさいなどというのではなくて、ちょっと気の利いた、面白いことばをつけて、やってもいいなという気にさせる。そんなてびきをそれぞれにつけた。

苅谷　生徒は二クラス合同で百人ぐらいいたそうですね。その百人分作ったわけですね。

大村　そう。それが百枚全部違うわけよね。茶碗を包んだ新聞紙ですから。全員に全部違うものを読ませるとか、具体的なてびきをつけるとか、その後の教室での仕事が、このとき骨身に沁みてわかったのではないかしら。あれ以来、教材を探すのもてびきを作るのも、誰よりも早い。じょうずかどうかわからないけど、パッとこれは教材になるとわかる。あまりえり好みせず、なんとか役に立つものを自分で作るということ、それを知らず知らず体得したのではないかしら。

苅谷　余裕がないぎりぎりのところで始まったんですね。一晩でやらないといけないという現実的な必要性があった。

大村　もう明日から自力でやらないといけない。なんだか憑《つ》かれたみたいにやり出したんですよ。書き直したり清書したりそういうことやっている余裕がない。夜が明けたら電車に乗ってね。

苅谷　秋葉原から歩いていらしたそうですね。深川一中まで、けっこうありますよ。

大村　同じ駅で降りる教頭のあとにくっついて行くんです。危ないから。歩いていると地面に穴がぱっとあいてしまうことがある。防空壕なの。ふと見るとあっちからもこっちからも人が立ち上がって。怖いですよ、それは。

夏子　そして、学校に着いて、相変わらずわんわんとうなりをあげているような教室に立った先生は、とんできた子どもを一人ひとりはがいじめにして、新聞の教材を渡していく。そのときのことを『教えるということ』で、次のように書いていらっしゃいます。

そうしたら、これはまたどうでしょう、仕事をもらった者から、食いつくように勉強し始めたのです。私はほんとうに驚いてしまいました。（中略）子どもというものは「与えられた仕事が自分に合っていて、それをやることがわかれば、こんな姿になるんだな」ということがわかりました。それがないという時に子どもは「犬ころ」みたいになるということがわかりました。私は、みんながしいんとなって床の上でじっとうずくまったり、窓わくのところへよりかかったり、壁のところへへばりついて書いたり、いろんなかっこうで勉強をしているのを見ながら、隣のへやへ行って思いっきり泣いてしまいました。そして、人間の尊さ、求める心の尊さを思い、それを生かすことができないのは全く教師の力の不足にすぎないのだ、ということがよくわかりました。

教室はそのあとも延々と続いていくわけですが、新聞百枚のそのあとはどうやっていらしたのですか。

†どこからでも教材を拾った

大村　そんなことをやっているうちに、『世界の子ども』とか『少年少女』といった戦後の雑誌が出てきた。どこからでも教材は拾ったんですよ。教科書はまだ出ていないし。毎日あっちの本屋こっちの本屋に寄りながら新しいものを探しました。

ある日、『にじ』という雑誌の裏表紙に、鉛筆の広告ばかりが四種類並んで載っているのを見つけました。面白い教材になりそうだと思って大事にしていたところ、ようやく石森延男先生（児童文学者。『コタンの口笛』『バンのみやげ話』などの作品がある）が編集長の文部省教科書が出てきた。そのなかに「やさしい言葉で」という文章があったんです。

あとで聞いたら石森先生が書き下ろされたとかで、やさしいことばで語ったり書いたりしてみんなで心を通じ合って、話し合って、そして戦後の新しい日本をつくろうという文章でした。当時はその趣旨に感動したものです。ほんとうにそうだと思った。でも教科書の数も十分にはありませんから、講読という形はとれない。そんな中で、どういうふうにしてこの文章の精神を伝えようかと考えた。なにが書いてあるかと解説するのではなくて、なにが書いてあるかを探らざるを得ないように導いていこうというわけです。その後の単元学習のいき方の原点ですね。

そこに鉛筆の広告を使えると考えたわけです。コーリン鉛筆、三菱鉛筆とか四つあった。この広告を読んだとき、どの鉛筆を買う気になるかと考えていく。その決め手になるのは、鉛筆を使う自分たちによくわかる、やさしいことばで書かれているということなのではないか、そういう見方で広告文を読みくらべたわけですよ。

夏子　先日、鳴門教育大学図書館の大村文庫を訪ねて、当時の学習記録を探してみました。二冊保管されていましたよ。昭和二三年の一学期のことなんですね。

大村　三菱鉛筆とかエベレスト鉛筆とかはむずかしかったんですよ。

夏子　三菱は「六〇年の歴史と最新の技術が保証するマーク。精選され、更に厳密な加工を経た削りやすさ。なめらかさと強さと、光線遮断力を倍加した特許加工芯」っていうんです。エベレストは「王者の貫禄、最高峰」というの。

大村　最高峰エベレストなんていったって、子どもは知りはしないから。みんながヨット鉛筆がいいと言ったんでした。子どもたちに通じたから。

夏子　ヨットは「なんにせよスバらしい鉛筆ですよ。スピードをあげて書くほど、いくらでも早くすべるし、まったく気持ちのよい鉛筆ですよ」というのです。

大村　やさしい言葉で書いてあって、広告の目的にいちばん適っていて、僕も鉛筆を買うときはヨットにしようっていうことになった。

そうしたら子どもって面白いもので、今度はいろいろ集めてきた。こういうのがあるけどこの広告はどうだとか。子どもって乗り気になってくるとなんでもするのだなと感心しました。宿題にしたわけじゃない。集めてきなさいと言ったわけでもない。その頃の生徒は暇だから、一生懸命集めてくるんです。私はすごく喜んで、それはどこにあったの、などと聞くと、そばにいる子どもが羨ましくなって、僕も探してくる、とかね。それでずいぶんいろんな材料を集めた。看板にこういうことが書いてあったと写してきたりしてね。一つ探すためにあっちもこっちも見るわけだから、広い読書の世界へも通じるような形になるわけです。

夏子 当時の学習記録には、町の掲示板から写してきた「七月分パン券受付は一人当り二斤迄」とか、「寄生虫（回虫）を体内から駆除しませう」といったような例が残っていました。「東京都交通局からの料金改正のお願い」なんていうのも。どれも粗末な紙にガリ版刷りで印刷してありました。子どもたちの目配りがわかりますね。

大村 そうやっていろんなものが教材化されて、子どもに喜ばれるという過程を単元学習や総合学習なんかにする。そのへんのコツを、わたしは深川でやすやすと身につけたと思う。でも最初からそれをめざしたわけではない。自然に。また運命的にね。

苅谷 使命感というか、あの時代、あの場所あの条件の中でなにをやらないといけないのかということがすごくはっきりしていたから、自然にとおっしゃったけど必然的に生まれたのではないですかね。

大村 そうですね、私にとって必然と思えるほど自然に流れてきたと感じています。

†戦争体験が使命感を培った

苅谷 戦後のそうしたご努力の後ろには、戦争を経てきたという経験が大きく重く残っていらっしゃるそうですね。今の「やさしい言葉で」もそうですが、これからの日本をつくるときに、子どもたちのことばの力、国語の力がとても大事なのだ、それが原点だということをお書きになっていますね。

大村　ほんとうにそう思った。戦争中、高等女学校で、授業をつぶしてまで全員で千人針を縫ったんですよ。それを持っていれば兵隊さんが弾に当たらないっていってね。学校放送を使って号令をかけながら、全校生徒が一斉に一針ずつ、なんの乱れもなく縫っていくんです。それは異様な光景でしたよ。それに対して誰も疑問を呈することがなかった。

そして戦争が終わって、ほんとうに気持ちがおかしくなるくらい呆然としました。あれでは戦争を後押ししていたのと同じようなものだったと思って。

戦前、日本の国語教育は、そんなに劣っていたわけではないと思います。平和な時代がずっと続いて文学を教えているのだったら、そのままでもよかったのかもしれない。でも現実は違いました。海のものとも山のものとも知れない新制の中学校に出て、当時のはやりことばでいえば、民主国家の建設のほかに日本が再生することができないのなら、ことば通り身を捨ててその仕事に取りかかろうと思った。選ぶとか計画するとか、そんな余裕のある話じゃないですよ。そういう決心で、悲願を抱いて出発した、その決心がいろんなことに耐えさせたし、ぎりぎりのところで発展できたと思います。

そして一国語教師として、そういう仕事をしていこうとするなら、心の中をそのまま字にしたり話したりできることばの力を育てることが使命だと思いました。民主国家を築くのだということになって、なにかというと話し合いです。そういう時代に、話しことばができないとどうしようもない。それなのに討議、話し合いの指導がもっとも遅れていて、それをなんとかしなければいけない、本気で勉強しないとだめだと思った。自分も勉強し、そして子どもたちにもそういう力をつけさせようとしてきたわけです。

苅谷　戦後五十数年たって、ある程度平和な時代を送ってきているわけですが、現代がそういう意味で、先生のおっしゃるような民主国家になっているかどうかはなんとも言えないのですが。

大村先生が戦後の焼け跡の中学校で、子どもに身につけさせたいと考えていらしたそういう力は、実は今、私が大学で教えようとしていることと、ほとんど変わらないんです。時代も違い、教える学生の年齢も違うのですがね。

大村　きっと同じでしょう。そういう大事なことが根にないといけないんでしょうね。

苅谷　戦後すぐの頃は高校に行かない子どもがたくさんいた時代で、中学校での教育が最後の機会かもしれないという思いがある。この機会を逃したら次はない。今ここで教えなかったら誰が教えるのだという緊張感が、今のお話の裏側にあるわけですよね。

大村　中学校は大人になるための学校だという話は、折りに触れて、よく話したものでした。

†専門を離れても残ってほしい力

苅谷　教師という職業の人が、そうやって、これがこの生徒にとってあることを学ぶ唯一の、または最後の機会かどうかと思うことはすごく大事だと思います。

社会に出てからいろんなことを学んだり経験する機会はあるけれど、学ぶことだけを専門にしている時間というのは生徒の間、学生の間だけですよね。そしてまた、かれらを教えることを専門にしているのが教師です。そういう組み合わせのなかで、学校という場があって教師という専門職があって、そのなかで学ぶことを専門にしている時期の子どもがいる。社会の中で特別な場です。ところがその学校という世界から、この生徒たちがこの機を逃したら同じことを学べるか、今このときにこれを教えておかなければという緊張感がなくなってきたと思う。

なんのためにこれを教えないといけないのかということを、教える側が明確にわかっていれば揺らがないのでしょうが、それがだんだん曖昧になってきている。これは高校でも大学でも学べるというふうに順繰りに責任をなすりつけあったりする、そういう流れができていると思う。

大村先生が国語科のなかでなさってきたことは、国語という教科に限定されることではなく、すべての教科の基礎になると思うのです。話す力、討議するための力にしても、論理的に考える力とか、問題の要点や本質を摑み取る力にしても、大学で専門的なことを学ぶ上でも重要な能力です。

私は大学で教育社会学という専門領域を教えていますが、卒業後社会に出て、必ずしも学生がみな、職業のなかで直接に専門的な力を生かせるわけではない。私の授業の知識や内容の部分については、おそらく多くの学生たちは卒業後そんなには使わないだろうと思います。では、専門を離れても残ってほしい力は何かというと、結局その基礎とも核ともいえるような力の部分です。そしてそういう力というのは、よく考えてみたら国語の力とほとんど変わらないのではないかと思った。

そういう力を身につけられるように、大学生が自分でしっかりと考えている状態にすること、自分で問題を見つけて解こうとすること。そういう教室の環境をどう作るか、それが自分の役割だと思ってやってきたんです。それを導くのが教師の仕事なのだと思う。

大村 戦後の一番の失敗は「子どもから」ということだと思う。子どもの自由、子どもの個性、子どもがやりたいことを熱心になってやりすぎたんでしょうね。ではこれをしましょうというときに、その仕事を成功させるための努力が教師にできていない。

国語では、この文章をよく読みなさいと言うことが多いでしょう。読むことによってしか読む力はつかないということが確かにありますから。だからよく読みなさいと言う。そこまではやるけれども、読んでいるとき読む力がぐっと伸びることをなんにもしてやらない。書きなさいとも言いますね。でも、書いているときにその人がいい書き手になるコツを教えない。先生は教えることをやめてしまった感じ。なにもしてない。なにかをなさいという指導案だけは立派でも、一つ一つの力がついているかというのは、教師も自信がないのではないか。教える人がいない。させる人だけ。だから学ぶ喜びを知ることができないんじゃないかしらね。

†学ぶ喜びを示すこと

苅谷　学ぶ喜びを知るためには、ちょうどいい材料と、きっかけと、そして、方法とを教師が示さないと、なかなかできないですね。

大村　お粗末ながら、私はてびきでそれをやってきたんですが。何々なさいと言う。そうしたらそれがちゃんと成功できて、成功できないまでもめざした力そのものはつく。それが学力なんでしょう。

国語の授業で、自由作文を書けということがありますね。その時、書くことが見つからなくてもちっとも助けてやらない、たとえばこれがいいでしょ、ということをやらない。大学生になったって、研究するときにいちばん大事なことは何をやるかということ。先生や先輩からちょっとしたアドバイスをもらえば、無駄なことや後ろ向きのことをしないですむ。

自由研究と称してあなたの好きなことをやっていいと気軽に言って、教師はその子が何をやるべきか、何が好きか、何をやれそうか、そういうことについて考えない。そこのところが戦後の大失敗だったと思う。自由のはき違いというのが。

苅谷 自分の発想で、自力でなにかする、それが一番いいことだという考えがすごく強調され、しかも急速に広がりました。そのとき、学ぶ側がみんな、自然にもともと豊かなものを持っているという前提だと、ただ「やりなさい」でも大丈夫、ということになってしまうのかもしれないけど。でも実際は、決してそんなことはない。

そしてやはり教師の側から考えると、「ここまで到達してほしい」という目標がはっきりしていれば、教材としてなにを提供するかということはある程度決まってくるはずですよね。なんでもいいというわけにはいかない。

私は、大学で教育社会学という分野を教えているのですが、進学してきたばかりの学生に、自由に、教育のひとつのテーマについて議論させています。すると、たいてい、どこかの新聞で読んだようなことを言います。薄っぺらい意見ばかり。わざと最初はそうやって話をさせる。そのあとで、かなり徹底して文献を読ませます。これを読めばいろいろな考え方ができるようになるだろうなというような筋書きを、私のほうで用意しておいて。

一回の授業のために、一〇〇ページぐらいのものを読ませています。週に二回ですから、学生は毎週一五〇から二〇〇ページぐらい丁寧に読んでくることになっている。最初の三カ月ぐらい、そういうふうに徹底して読ませて、それをもとに議論する。そのうえでもう一回、最初のときと同じテーマで議論すると、議論の仕方がぜんぜん違ってくるんです。読んできた蓄積もあるし、読んでは議論するという授業の中で、どうやって情報を使って議論を組み立てていくかということをずっとやってきた、そこで摑んだものがある。力がつく過程が見えてくるようです。勉強の方向を示してやらないで、ただ、やってごらんと背中を押せば、なにかいいものが出てくるというものじゃないということがよくわかります。

大村 そうね。やってごらん、のあとを教えないと。教えることを、「叩き込んだ」なんて非難されるとしたら、それは単に教え方が失敗だったというだけのことなのにね。

†「教えすぎ」と「自由にさせる」のあわい

苅谷　「教えすぎる」ことと「教えるべきことをちゃんと教えること」との境目が曖昧になってしまった。その上に、「子どもが自ら自由に学ぶ」ことが「大人のてびきがあって初めてできること」よりも価値の高いものとされるようになった。新学力観といわれて、子どもの主体性とか自主性を重視するようになったとき、先生たちが、黒板を背にして授業するやり方に対して萎縮した時代があったという話を聞きます。詰め込みになることを恐れて。

大村　それをちょうどいいところで区別できるのが教師じゃないですか。本職なんですから。でも、詰め込み、教え込みが悪いと言われたとき、ちょうどいい程度を探ろうとしないで、教えないほうへ行ってしまったんでしょうかね。

たとえば、自由題の作文を書かせるといったときに、そこにいる全部の子どものために、それぞれ、これをやったらどうかという腹案を持ってない教師がいたとしたら、怠慢だと思いますよ。腹案を持っている人が、相手をしっかり見ながらヒントを出していくと、詰め込むといった行きすぎは起こらない。教師が空っぽだったら、そんなの教師ではない。

苅谷　子どもの自主性を生かせず、詰め込みをしてしまう教師。一転して、子どもの自主性を尊重しようといって、なんでもやってごらんと手を離してしまう教師。この両者は考え方の異なる別のグループなのではなくて、実は同じ人たちなのかもしれないですね。

いったん批判されると、逆の極端にしかなれない。ほんとはその二つを越えたところにちょうどいい場所があるはずだけれど、その場所を見つけようと思うと、今言われたように、教師側が、やはり一人ひとりの生徒にとってなにがふさわしいか、大事かということを見てあげられるだけの、能力と準備を持っていないといけない。

大村 材料を十分に持って、それをこなすことが必要ですね。それが新しい時代に求められている教師の力だけれど、どうでしょう。

苅谷 大村先生の本に「教師が研究する」ということが一九七〇年頃のお話として書いてあったのですが、最近、教師は本を読まなくなっているという話を聞きます。出版社も、昔にくらべて教育関係の本を出版しても、学校の先生はそんなに買ってくれないといいます。もちろん授業の準備はするでしょうけれども、いわゆる目の前の準備でなくて、もっと深いところで自分の授業を発展させたり、個々の子どものために材料をたっぷりと準備をする、そんな意味での研究というのを教師がしているのかどうか。

ところが今になって、かえってそういう努力が切実に必要な方向へと、制度のほうが変わってきた。今度の「総合的な学習の時間」にしても、教師の力が試されますよね。それこそ週に二、三時間、教科書もなければ指導要領の制約もない、そういう総合的な学習をなんでもいいからやりなさい、となった。そう投げかけられたときに、その準備をするだけの能力と実際に材料を持っているのか、それがないから今こんなに混乱しているのではないか。

大村 そうですね。私のてびきを見てくださって、これはいいと言ってくださる方は多かったのに、同じようなものを誰も作らない。子どもの作文の書き出し文を見て、これではだめだから、「たとえば」と言って一、二行書き直してやるといい、若い方にそう助言しても、それを実行できない。それこそ悲願をもって指導してきた「話し合い」も、出たとこ勝負の野放しばかり。今どういう発言をするのがよいのだということなど、身をもって教えることができない。ことばの力こそ国を救うのではないか、と思って立ち上がった戦後の教師としては、情けないと思ってしまいます。

でもどうしようもない。本気になって教えてないのではね。子どもがかわいいから教師になりたいなんていう人が多いようだけれども、それだけではあまり子どもを幸せにすることがない。それに気がついてないという気がしますね。教えないことが蔓延している。

夏子 大村先生の『教えるということ』の中で、教師は自分が教壇に立つと、不思議に自分が習った先生のスタイルが出てくるっていう話がありました。それがうまくいけば、教育の伝統が踏襲されて、いいものが伝えられていく。いいバトンタッチだけれど、逆に見れば、もともとなかったものは出てこない可能性がある。たとえば話し合いの指導なども、そもそも下地になるような力が十分にはないのかもしれません。

†制度と現場、理想と現実のギャップ

苅谷　学習指導要領を読むと、国語についても、もっとコミュニケーション能力を高めようなどという方向に変わってきているんです。ところが、教師がそれを具体的に示したり教えたりすることができるのかは、制度とは別の問題です。そこの部分が欠けてしまったらどんなに理想的な目標が掲げられていても、教室の中では実現しないことになる。教育の目標が理想的には語られるけれど、どういう状況のもとならばどこに到達できるかという筋道が、理想の陰でわかりにくくなっている。

個性尊重とか生きる力などという言葉はすごく強調されていて、反論するのはむずかしいくらい、それ自体は立派な目標だろうけれども、では子どもの主体性を生かして学ぶ力をつけるには、具体的にどうしたらいいのか。そういうレベルの目標については示されないまま、教師の独創性とか創意工夫でやりなさいとなってしまう。そのときどういう条件や材料があるのかということについては、もう少し教師を取り囲むいろんな環境のなかで提供しないといけないものがあったのではないかと思うけど。

大村　それは大学の教育学部の先生の仕事じゃないの。

苅谷　そうですね、そういうはずなんですけど。

大村　大学の先生は何を教えてくれているのって言いたい。

ことばの力を育てようと思えば、子どもにつきっきりで助けてやらないといけないのに、それをしないで、しないのみならず、教師自身がそういう力を持たない。こんなことしていては大変。「総合的な学習の時間」でもなんでも、一つ一つの学習活動に目当てがないというのは、大変まずいこと。学力が低下するのはあたりまえですよ。

総合的学習も、やり方によっては悪いことではないはずですよ。でもきっと、だめということになってしまうだろうと思います。単元学習が残念な経過をたどったのと同じように、また総合なんてだめとなってしまいそうね。

苅谷　今、教育は総論としてすごく曖昧模糊としたものをめざしていると思います。毎回の目当てとか目標というのはそこでは立ちにくくなる。子どもたちが自分でなにか生き生きと活動していると、それが即、自然に、学ぶ力につながるというふうに、ある時期に読み替えられてしまった。子どもたちに介入することは教え込みとか詰め込みだと批判される。そういう悪循環がどこかでできてしまったように思う。学ぶ力は大事です。その力は、本来は具体的な場面で発揮されてはじめて、この学生には学ぶ力がついたとわかる。ほんとうはそうやって具体的なことを通して見えるもののはずなのに、いったん抽象化してしまうとなんでもそこに入ってしまう。そして何かやってさえいれば力もつくだろうなんて甘い見方をして、具体的な手立てを教師が提供できない。大人が口を差し挟まなくても、子どもが自分で発見したほうがいいと強調されすぎてしまう。

大村先生の『教えるということ』の中に仏様の指の話がありますね。奥田正造先生（当時、成蹊《せいけい》女学校主事）に伺ったお話として。それをちょっと引用してみます。

「仏様がある時、道ばたに立っていらっしゃると、一人の男が荷物をいっぱい積んだ車を引いて通りかかった。そこはたいへんなぬかるみであった。車は、そのぬかるみにはまってしまって、男は懸命に引くけれども、車は動こうともしない。男は汗びっしょりになって苦しんでいる。いつまでたっても、どうしても車は抜けない。その時、仏様は、しばらく男のようすを見ていらっしゃいましたが、ちょっと指でその車におふれになった、その瞬間、車はすっとぬかるみから抜けて、からからと男は引いていってしまった」とこういう話です。「こういうのがほんとうの一級の教師なんだ。男はみ仏の指の力にあずかったことを永遠に知らない。自分が努力して、ついに引き得たという自信と喜びとで、その車を引いていったのだ」こういうふうにおっしゃいました。

ほんとうにこれが大事なんでしょうね。子どもの自分で進む力を大切にしながら、教師がじょうずに背中を押してあげて、子どもからは教師がやっているようには見えない。きっとこれが、教え過ぎでもない、教えないでもない、ちょうどいいところなんでしょう。ただ、それはある意味すごくむずかしい。

†「うまく言えない」と「わかっていない」は違う

大村　だけどそれはどうしてもしなくてはいけないことなの。教師ならば。

国語で言えば、国語力の分析が十分にできていないから、何をどこまで教えるかというところが曖昧で、よけいに教えにくくなってしまうんでしょうね。

たとえば文学作品を読むとき。「ごんぎつね」(一九三二年、新美南吉作)の例で見ましょうか。倒れたごんを見た兵十はどんな気持ちだったか、と聞かない先生はいないですよ。そういうときに、じょうずに、うまいことばを使って兵十の気持ちを表現できないといけないように思われているでしょう。それが文学鑑賞だということになっている。

でも、「うまく言えない」ということと「わかっていない」こととは違う。西尾先生が、鑑賞の世界というものは言えなくても大丈夫だ、とおっしゃったことがある。大人になって文学を読んで心を動かされることがあっても、その感動をじょうずに表現できるとは限らないでしょう。表現できないなら、感じてないのと同じだ、なんていうことはありませんよ。気持ちがよくわかって、思わずぼろぼろ涙が出るような、そういうふうに読めたら、それでいいはずです。

そうはっきりと教師の態度が決まったら、もう「兵十の気持ちは」なんて聞かないんです。たとえば、死んだごんに気づいた兵十が、思わず「ごん」って呼びかけるんですが、こんなふうに呼んだのかなっていうことを工夫しながら、子どもがそれぞれに「ごん」って言ってみる。味わいながら、一生懸命やって、先生もやってみる。じょうずもへたもなし、誰がいいということは言わない。だけど、そうするうちに文学鑑賞というのはこういうことなんだって、胸に届くんです。それで十分でしょう。

それなのに、兵十はこうこう思いましたとじょうずに言えば、よしと言う。それが言えないともっと読んで考えてごらんと言う。鑑賞だったら鑑賞そのものをやるようにすればよいのに、それを言える表現力とはまた別個の能力までそこで追ってしまう。追い過ぎて、教え過ぎになってしまうわけね。味わってなどいなくなってしまう。

学力をきちんと分けてとらえて、しっかり見つめていないから、指導もへたになるのです。表現できないのを感じてないことと同じだなんていうような荒いとらえ方がそのよい例でしょう。

苅谷　目標がそれぞれ違うときに、それを混同してしまうとかえって抽象的なわけのわからない学力みたいなものになってしまうということですよね。

大村　そこらへんの教師の勉強が足りないと思うんですよ。

夏子　国語の教室という場では、ことばというのがいちばん大事にされるべき場所だと思うけれども、ことばの扱いが軽いように思いますね。「ごんぎつね」の例で言えば、兵十はどう思ったでしょうか、わかる人手をあげて、と先生が聞くと、ことばがすらすら出るような子どもが、たいして深く感じていないようなことであっても、とりあえず思いついたことばを使って答えてしまう。すると、はい、その通りなんていうことになって、はあ、こんなんでいいのか、と本気でないことばが横行してしまう。

大村　そもそも兵十の気持ちを聞くなんていけないと思う。兵十の気持ちをぐっと考えさせることはもちろん大切ですが、それを話したり書いたりすることは、もう一つ別の力の要ることです。よく味わってじょうずに人に言えたら、それは大変いいかもしれないけど、でも、それはみんなにできることではないです。そのもう一つの力がないからといって、味わう力もないかのように思うのは、ちがうと思うのです。

†目標と評価

苅谷　教えるという仕事を、目当てをしっかり持って、目標ごとに区分けしてやろうと思ったときには、同時にそれがどこまでできたかという評価がやはり大事になります。目当てや目標と評価とは対になっていると思う。目当て・目標を確実に絞らないまま、曖昧に考える力とか生きる力とかやってしまうと、当然きちんとした評価もできなくなる。

今年から絶対評価というのが始まりました。ほんとうにきちんとできれば、日本の学校のなかで大事な役割を果たすと思うけれど、現場ではどう評価していいかわからないとかむずかしいとか、最初の一学期が終わったところで、すでにもう言われているようです。

大村先生は、評価ということについて、どんなお考えをお持ちですか。

大村　戦後、日本の国語教育を方向づけするために、各地の教師が集められてアメリカ人のオズボン先生のもとで勉強をしました。そこで私はずいぶんいろいろなことを学んだわけですが、評価についても目を開かれた。評価とは、一般的な日本語としては、今「価値を認めてほめる」というような意味で使われていますが、教育の世界ではまったく違うものだったはずです。教師からすれば、今後どういうことをどのように指導するとよいか、生徒からすれば、どこを向いてどう勉強していけばよいか、そういう指針を知るためのものだとわかったんです。測りたい力を一つ一つうまく測れるような試験を作って、その結果から将来の指針を得る。誤答をしっかりと分析して、足りない力を一人一人について摑んでおいて、それを一つずつなんとかしていくように、その子に注意していくようにすれば有効でしょう。そういうことを評価というのだとオズボンさんから聞いたのです。でも、実際のところは、学校の中で評価は違うものになってしまったでしょう。

その後も、国立国語研究所などは現場に近い存在で、私たちも行きたいときには行けたんです。そこへ通って試験の作り方を教えてもらった時代がありましたよ。教師たち何人かで集まって、手取り足取り教えてもらった時代。試験問題を作ってくるのが宿題になって、それを批評してもらって、この問題は不適切とか、なんのために作ったのかとか、非常に具体的な助言をしてくださいましたね。

苅谷　それが今は生きていないんでしょうか。個々の観点に応じた出題をして、誤答のパターンを分析して評価するということ自体、学校の中で、今につながったのでしょうか。

大村　それはないでしょうね。点数が悪いと騒ぐけれども、これはほんとうに力を測ることのできる問題なのか、たとえば鑑賞力みたいなものを、今行なわれているような形で試験できるものなのか、そういうようなことをきちんと議論して、方向を決めていくということがなくなったのではないでしょうか。

苅谷　教師の側には、ここまでは共通にできてほしいという目標がある。それをテストという限られた方法で評価するわけですが、そのとき、ここまで到達してほしいという力の基準というのは、ある共通のものがあると考えていいですか。

大村　簡単にはあるとは考えない、少なくとも国語では。どういう力をどうすれば測れるのか、何百と問題を作っては、いろいろ批評を受けたりしたものです。大村さんのは面白い問題が多いけど、わからないと言われたりしました。先生の趣味で作るのではないといってね。でも、とにかくそういう勉強の機会があったことは大事なことですよ。

夏子　今、現場の教師が作った試験問題が、公平な批評の場に出ることはあるのですか。

苅谷　だいたい先生が自分で問題を作らない場合も多いらしい。

大村　先生方は作らないで市販されたものを買っているんですってね。それで自分の子どもに適すると言えるのでしょうか。自分の教室の子どもにどんな力がついたか、何が足りないか、それをなんとか知ろうとしてへたなりに目標をきめて自分で試験を作ってやらせてみる。それで初めてわかるわけでしょう。

苅谷　知識の部分は業者が作ったテストを使って測る。それ以外の、意欲、興味、関心というのは教師の主観的な評価でやる。今の観点別と言われてる評価はそんな感じでしょう。主観的な評価と、誰か別の人が作ったペーパーテストで測ったある意味で機械的な評価と、それを合計して絶対評価となっているから不思議な状態ですね。

大村　どういう試験をしたらどんな指針を得ることができるのか、そんなこと考えていないんでしょう。

苅谷　でも今は市販のテストもすごいですよ。業者テストも観点別の評価になっていて、何番の問題にこう答えたら、弱点はこうだと見るようにはなっている。関心・意欲・態度というようなことまで測る指標がついている。ある意味では、分析的な試験であることをめざしてはいる。

夏子　学習の指針を示して、合計点や偏差値だけで判断しないように、そういう配慮はある程度、感じられますね。コンピュータをうまく使えば、そのくらいの分析を個々の生徒に出すくらい簡単なことでしょう。また、小冊子に綴じた正答とその解説も配られてやりっぱなしというのではないようです。

ただ、そこには容易には越えられそうもない限界もあるように思います。分析のためにコンピュータに入力されるのは、それぞれの解答が正答だったかどうか、○か×か、だけなんですね。なぜ正答に達しなかったのか、答えにいたるどの段階でどんな誤りが生じたために誤答となったか。その誤りは、すぐにでも正さなければいけないような重要な事柄か、それとも勘違いやミスというようなものか。正答を書いているけれども、実は自信がないまま山勘で答えただけではなかったか。ほんとはすくい取ることができるはずのそういった重要な情報がこぼれてしまっている。そこまできめ細かく見てやれば、無駄にがっかりすることもなく、うっかり大事なことを見落とすこともないのに。でも、そういう丁寧なフォローというのは何万人相手にはむずかしいことなんでしょうね。一人ひとり、事情のちがうことなんだから。

苅谷　子どもも一人ひとり違うし、先生も違う、教室ごとに授業も違うでしょう。でも使われているテストの問題は一緒なんですよね。教科書の会社別になっていてね。

大村　自分の教室の子どもについて、明日から役立つ具体的な指針が、なにかわかっているのでしょうかね。

†学力低下の定義

苅谷　学力低下の問題が出てきて、なにをもって学力低下とするのかは、たしかにむずかしいところだと思います。ただ、基本的な部分で、知識も問題をとく力も落ちてきているようだというのは、私のところの調査などでも出てきています。

そして世の中で学力低下が問題になると、こんどはまた総合学習はよくないから昔に戻れみたいな話が出てくる。これなら昔の詰め込みのほうがまだよかった、なんていうことまで言われ出す。現実の教育にやはり何かが欠けていたり、よけいなことがあったりするときに、修正を試みると極端から極端へと動いているように見えます。

夏子　近頃の出版界の日本語ブームもちょっと極端な動きですね。面白い語源とか、この頃誤用が日本語を愛していたのかと思う。ただ、そういう本では、面白い語源とか、この頃誤用のめだつ古い言い回しを正確に使えるかとか、どうもそういう方向へ向いてしまって、ことばの世界を非常に限定的にとらえているという気がするんですが。

そういうことが教養だと思って、本が読まれている気がします。ことばの達人になることは生きていく上で大きな力だと思うけれども、そうだとしても、何気なく使っていることばに江戸時代こんな語源があったというようなことがそれほど大事なのではないでしょう。先生は、そのあたりについて、近頃お感じになることってありますか。

大村　自分の本がその波に乗っていると思われたらいやだなあと（笑）。そうならないようにしようって思いましたけど。

夏子　語源はたしかにちょっと面白いです。でもそれが大きな力になるとは思えないんです。それよりもっと優先順位の高い言語能力って、いくらでもありますよね。電気製品などの読みにくい取扱説明書などを見るたびに、理科系の人の国語力はどうなっているんだと憤慨しているんですが、そういうことを真正面から日本語の問題としてとらえるのではなくて、どうしてだか、ナショナリズムの空気の混じった教養主義や日本語カルトクイズみたいな方向へ行ってしまう。

苅谷 なにかが失われて力が弱くなっているとき、それを取り戻そうとしても、具体的な手立てがわからないとする。今がそういう状態だと思うけれども、そういうときには、すごくわかりやすい、こうすればここまでできますよっていうものが、人を元気づけるんじゃないでしょうか。

たとえば、声に出して名作の一節を読んでみれば、久しぶりの美しいことばを自分の声で聞くことができる。達成感がすごくある。一〇〇マス計算をやれば、たしかにすばやく計算できるようになる。もう少し広くとらえた国語力・数学力は一方で弱いままかもしれないけれども、その替わりになるような手近で手がたい何かで達成感を味わう。そういうところが教育の世界で起きていると思う。

抽象的な理念を掲げて、ふわふわとした摑みにくいものをめざしてしまっているから、一方で少しハードで具体的で着実にできそうなことがあると、信頼感もあっていいと思われてしまうのでしょうが。

だからこそ、大村先生のなさったような、非常に具体的で、なおかつその先にある力への目配りがちゃんとできているものが、今すごく大事なのだと思うんです。教育に何が欠けているのか、何がよけいなのかという、それを一つ一つ取り出して、教えることの本質に迫ろうとする。それはとても困難なことですが、大村先生の話をうかがっていると、その実践は、容易ではないにしても、具体的だし当然なことばかりですね。

先ほど、今の総合学習も単元学習と同じ運命をたどるのではないか、残念だとおっしゃいました。単元学習についてもいろいろな誤解があった。単元学習では力がつかないというようなことが言われたそうですね。でもうかがっていると、その子どもにとってふさわしい教え方を選んで、徹底して教えているのですよね。

大村 そうです。教師ですので、教えます。

苅谷 教えないで子どもにそのままやらせることがいいことだという誤解が根強い。子どもにちょうどよい方法と加減で教えるために、裏側で準備して、全部整えているところを見ないまま、単元学習の新しさなどを見てしまいがちなんですね。研究授業などでもそうだと思うけれども、スポットライトの当たっているところだけを見てしまう。

見せる側の立場も同じです。研究授業というものはあちこちでひんぱんに開かれていますが、教師も子どもも、やはり見せたいところだけ光を当てて見せてしまう。だから後ろできちんとやっていることが見えない。そして、光の当たる側だけ見ると、自然に、楽観的に、うまくいくと思われてしまう。総合学習のいちばん危険なところはそこだと思う。

†勉強することはなかなか大変なこと

大村　勉強するということは大変なことです。一生懸命になったときに、はじめて頭が、ものを考えるのではないかしら。

夏子　一生懸命になっているときの頭というのは、単元学習、総合学習を実らせるための絶対に必要な条件で、緩んでいる頭でできる程度のことでは達成は低い。ああ面白かったという程度で終わってしまって。だからある緊迫した空気を作る、そこまでは教師が確実にしないといけないのでしょうね。

大村　しかも面白く、そうさせないといけない。よく廊下で生徒を呼び止めて、ちょっと、○○っていう字を書いてみて、なんて言って、その場で書かせたりしたものでした。この前、書けなかったでしょう、って。呼び止められたら災難で、生徒は緊張して書いてみせますよ。そりゃ、緊張するでしょうね。でもそのかわりうまく書けたら、ご褒美にあのころ人気のあった記念切手をあげたりしていたんです。ちょっと面白く、しかも緊張するのが大事なんですよ。

苅谷　具体的な目的を立てておいて、どうやったら子どもがそこへ到達できるかについて、いつも見ていらして、工夫をして、一人ひとりに教えている。単純なことに聞こえますが、でも、いくつもの関門がある。目標が自覚的にとらえられていなければだめ。子どもが見えていなくてはだめ。子どもの力をきちんと測れる方法を考え、誤答の分析までして試験問題を作れるぐらいの能力がなければだめ。あとは時間的に余裕があるかどうかという問題もある。これはなかなかむずかしい。

大村　なるべくむずかしい顔をしないでね、廊下でちょっと呼び止めるなんてことを繰り返すだけでも、ちがってきますよ。違った字を書くとね、「ああ、そう書くの。私の国ではこうですよ」って、その場で書いてみせる。

夏子　そういうところを暗くしないのが、大村先生はじょうずですね。テクニックというとらえ方をしたら軽薄に聞こえてしまうけれども。いやな雰囲気を作らないんですよね。

大村　実際、漢字はなんのかんの言っても覚えないとだめでしょう。どうでもいいというわけにはいかない。そういうものについては、忘れさせないのも大事なんですよ。覚えるのはなんとか覚えるとしても、忘れてはいけないことを忘れないように教えるのが教師。

†時間や人数や教科書の問題

苅谷　確かにちょっと頑張れば、ちょっと工夫すれば、教師にできることはたくさんあると思う。ところが、ではなぜ今の教師にはそれができないのか。能力とか意欲という問題にしてしまうと、出口がなくなってしまうので、なんらかの条件とか環境とかで具体的に考えたいと思うのですが。

大村　考えないといけないと思う。私は寝る時間も十分にはないような仕事の仕方をした時期があります。家族がなかったから、我慢してやってこられたけれども、そうでなかったらできないですよ。もし私の仕事にいいところがあるとすれば、ほかの教師が同じようなことをやれるだけの時間がほしいと思います。なにしろ時間がないと。

苅谷　教師にもっと時間を、というと、結局は財政の話になるんですが、それはなかなかむずかしい部分が多いんです。教師の数を増やさないと、一人ひとりの教師の時間は増えないわけでしょう。すぐに教育予算の問題になる。また、教師の数を増やせばほんとうに解決するのか、増えた分というのは、どういう教師が増えるのか、それもあまり楽観的には考えられない。

今の教育は、教科書が一冊あって、それに対して指導書があって、それを使って授業をするようになっている。私は、その部分で、もうちょっと教材開発みたいなことでなんとかならないものかなとも思うのですが。それなら現実問題として対処できる。優れた教師の知恵を集めて、いろいろな種類の、選びやすい使いやすい優れた教材を豊富に集めて、もちろん良いてびきを用意する。大村先生の業績をそういうところに生かすことはできないでしょうか。もちろん最後は一人ひとりの教師が工夫するわけですが。

大村　今の教科書も悪くはないけど、貧弱。非常に足りないです。私は好きなのがなかった。日本中の子どもを眼中において、子どもの能力や関心に合わせて作ってあるわけでしょう。その曖昧たる世界で教科書はできているから、どんな偉い先生が一生懸命作っても、非常にくっきりと、ぴったりと私の教室にあてはまるものはできない。だから結局、私の生徒には、私が自分の目で選んだものがいい、ということになってしまう。

夏子　ただ、教科書を順々に読んでいく授業スタイルが一般的であることを考えれば、今の教科書よりはもう少し複合的な教材や、より教室の実際に合ったてびきがあったほうが、ないよりはいいのかもしれない。比較の問題ですよね。

大村　てびきは絶対に必要。どうしてなかったのかと思う。誰もがなにかのてびきをしているのだと思っていた。意外なことにほとんどの人がしていない。

てびきの研究はしっかりやらないとだめね。「どんなことが書いてありますか」的な型では、まったく感動を呼ばない。教室でそういう問いを発してはだめ。

苅谷　こういう発想でやれば、この教材についてこういうてびきができる、そんな指針が教材に組み込まれて十分な数あると、今の教科書よりは相対的にはよくなったりしませんか。それこそ、大村先生の実践の成果が、今の現場の教師に生かされるようなものを作っていくことはできないのでしょうか。

大村　面白いかもしれませんね。子どものために試みるべき。

†大村はまの方法は一般化できる

苅谷　大村先生のお仕事の中には、普遍性とか一般化できるものがある。てびきの方法ひとつにしても、大きくまとめればパターンになっているのではないかと思うのですが。どのパターンになるかは子どもによって違うとか教室によって違うとか、それはあるでしょうが。それがたとえば一〇パターンぐらいにまとまれば、あとは一人ひとりの教師がどう使うかに任せる。ある程度一般化したパターンを、現場でもう一度、具体的に特殊化できるようなもの。マニュアルと呼ぶかどうかわからないが、一種の中間生産物ですかね。

決して授業をそのままコピーするわけではないし、といって一般化・抽象化した分析を学術的に示すのではなくて、両者をつなぐような中間物みたいなものを作る。これを教材と呼ぶのかどうかわからないですが。

国語科に限らずどんな教科だって、たとえば算数だってなぜ分数の割り算でつまずくのか、子どもの学び方のなかでいくつかの誤りのパターンがあって、それはこういう教え方をすれば乗り越えられるというくつかのものはもう研究されているはずです。

そういうものをもとに、一字一句指示してこうしなさいというのではなくて、その中間段階を作り出す努力は、教育学者がやる仕事ではないのですかね。私はよく知らないのですが。ただ現場から、そういう実際に役立つ形態での教育研究のフィードバックがあるという声はあまり聞いたことがない。

夏子　大村先生は、ずっと、実践家だから実践をもって提案するのだと言い続けて、実際、たくさんの提案を教師なかまに発信し続けてきたでしょう。それを優れた実践だと評価する方々も多かった。でも、その提案を受け取って、実践に移すのはやはりむずかしいことなんでしょうか。

大村　やはり時間がないのかなと思ったりしますよ。

苅谷　本質的なところの頂が高ければ高いほど、それはむずかしいとは思います。オリジナルと同じものはコピーできない。でもそんな高いレベルの話をしているのでなくて、日常的なところで学校や教師が抱えている問題が、少しでも上向けばいいでしょう。

業者テストに頼っている現状とか、基本的なところで教師が教えることをやめてしまっていることとか。それを、なるべくいい方向に、もっとしっかり教えられるようになるためにはどうしたらいいか。たとえ一ミリでも、それだけでも動かせたら、私も社会学者としては幸せだと思っているんですが。

大村　西尾先生もそうおっしゃっていた。地上一ミリを高めればいいと。

苅谷　「教えることの復権」というタイトルでこの本をつくっているわけですが、復権ということを言わなくてはならないほどに、教えることがある意味で問題になっているのだとしたら、なんとか手だてを講じなければならないでしょう。

大村　徹底して勉強する人がいれば、高まっていくのではないでしょうか。子どもの個性がすり減るか、なんて心配することはない。とりあえず明日の授業を高めるために、二つでも三つでもてびきを用意してみる。私も深川でそうやって始めたことです。そういう奇特な人がいればいい。そしてそれを磨き合う場に身を置く。そういう身近な小さいことをしないとだめなんでしょうね。

第五章

教えることの復権をめざして

苅谷剛彦

海基史穂子（中学1年）

前章の対談での、大村はまさんのあることばが私の頭から離れない。「最近の教師は教えなくなった」ということばだ。「生きる力」の育成をめざして、子どもの体験や主体的な学習を重視する教育改革の方向は、一見すると、大村さんが実践してきた「単元学習」と相通じるところがあるようにも見える。ところが、理想的とも見える目標を掲げた新しい教育が、実際のところは実現の保証のないものになってしまっている。改革の目玉ともいえる「総合的な学習の時間」も、大村さんの目には、うまくいかないのではないか、いずれは消えていくのではないかと映っているようだ。改革がめざしている方向に共感を持つだけに、その機会を十分に生かし切れない教育現場に、いらだちを隠しきれない。子どもも一人ひとりの学びを大切にし、ことばを使って考える力を何とかつけようとする実践に徹してきた大村さんだからこそ、その目に映る教育改革の理想と教室の現実とは、大きく隔たって見えるに違いない。

その隔たりが、「最近の教師は教えなくなった」という言葉に集約して表れているのではないかと、話を聞きながら私は思った。私自身も、近年の教育改革の動向について、同じような問題点を指摘してきた。大学の授業の場でも、どうすれば学生たちに考える力をつけることができるのか、自分なりに工夫しながら実践してきているが、そういう自分の経験をふまえて見ても、考える力をつけようとする教育改革が、空回りや思い違いに陥ることが危惧されてならない。その基本的な方向性に共感するからこそ、きびしい目で見ざるを得ない。抽象的な理想をあいまいにとらえて出発した生半可な実践では、その理想にとうてい届くわけはない。子どもたちの主体的な学習を求めようとして、それだからこそ、教えなくなってしまう教師たち――「最近の教師は教えなくなった」という言葉が私の頭から離れなくなったのは、たぶん、大村さんが実践者として今の教師たちを見る視線を、私もどこかで共有していたからかもしれない。

教えなくなったというのは、どんな状態を指しているのか。その原因はどこにあるのか。大村さんにとっての「教える」とはどういうことかをとらえ直してみることで、「教えない教師たち」の姿を明らかにしてみよう。そしてそこから、「教えることの復権」へ向けて、ほんの少しでも一歩を踏み出すための糸口を探し出してみたい。

1 徹底したリアリズム

大村がいう「教えるということ」とは何を指すのだろう。

熱血先生や子どもに優しい先生は人気がある。子どもが好きだから教師になったという人も少なくない。友達のように子どもと接する親しみある教師像も、理想の教師の一つのタイプとされる。それに対して、「子どもをかわいいと思う余裕はない」と言う大村のことばは、子どもとの関わりが、あくまでも授業という場での教師の役割を十分果たした上で成立するものだという見方を表しているように見える。教えるものとしての教師という役割を第一に考える見方である。

しかし教える教師というのは、最近の教育界ではあまり人気がないようだ。教え込みや詰め込みが頭から批判されるようになって以来、教えることに熱心な教師は、子どもの自主性を尊重しない古いタイプの典型のようになっている。より広い視野で教育をとらえたとき、子どもの主体性に任せることがどういうことを指すのか、それを十分に考えないまま、教師の介入を単純に悪いことだと否定してしまう。子どもの個性を尊重し、子どもの「心」の理解を重視する最近の風潮のもとでは、教える教師は時代遅れに映るのだろう。

そうした時代の流れに、一見逆行して見えるのが、大村の教えることへのこだわりである。だが、その対極が「教えない教師」だとしたら、教えることにこだわる大村を、一時代前の教師像として簡単に見切ってしまうことはできないはずだ。それに、たとえば本書第二章で描かれた大村の教室での実践を、一体全体、誰が「教え込み」といえるだろうか。

†教師の仕事とは「教えること」

国語という教科の指導を通して教えることに徹する大村を支えているのは、徹底したリアリズム（現実主義）ではないか。大村のリアリズムとは何か、簡単に振り返ってみよう。

第一に、大村にとって、教師の仕事の範囲はひじょうに明確である。教師にとって一番の責任は教えることにある。教えることにこそ教師は責任を持つという見方は、あたりまえのように見えるが、近年の、異常なまでに多様な期待を背負わされている教師像と照らし合わせたときに、重要な意味を持ってくる。

「子どものよき理解者としての教師」とか、「カウンセリング・マインドを持った教師」とか、多様な役割が教師という職業に期待されるようになっている。こうした役割の重要性を否定するつもりはないが、大村がいう「教える」教師とは、まずは教科の指導に限った役割である。少なくとも、学校でもっとも多くの時間が割かれている授業という活動においてこそ、教師の専門性が問われるはずであり、そこにこそ教師の責任がある、と大村は考えている。

こうした目から見れば、授業研究の時間を削ってまで、ほかの活動に従事しなければならない（とりわけ中学校の）教師の現状は、教えることからどんどん遠ざかっている。生活指導に追われたり、クラブ活動の指導に熱心なあまり、授業の準備ができなくなってしまう状態は、教師にさまざまな役割を期待することで、その中心にあるべき「教える」ことの責任を不明確にしている。

しかも、ほかの活動にくらべて、教えるという役割を教師が十分に果たしているかどうかは実は意外なほど見えにくい。テストや試験の結果があるではないか、といわれるが、通常それは、生徒たちの側の学習の結果であり、教える側の責任を示すものとは見なされにくい。たとえテストの結果が悪くても、生徒たちのせいだということもできる。

それだけに、教師が、教えるという第一義的な役割をどれだけ果たしているかという点については、教師自身の判断にゆだねられる。外の目から見える評価よりも、自分で自分の教えるという役割を点検するしかない。あるいは実際の学校という場ではむずかしいものの、同僚間での互いにチェックしあうような場を持たない限り、責任を果たしているかどうかはわかりにくい。

その意味で、大村の実践が示す「教えることの責任」とは、教師自身が自分自身の実践をどれだけ冷徹な目で誠実にチェックできるかどうかにかかっている。それも、授業の出来不出来というだけでなく、生徒たちにどのような具体的な力をつけることができたのかを、突き放して見ることができるかどうかなのだ。これは、大学教師としての私にとっても耳の痛いところである。それでも、教師という仕事が、医者や弁護士などと同様、自律性を与えられた専門職と呼ばれる職業である以上、誠実さというのは、単なる精神論を越えた職業倫理の重要な部分だと思う。

生徒たちの学習成果の評価は、教師にとって自分の教えることの評価でもある。これは、新奇な指摘でも何でもない、ごくまっとうな評価のあり方なのであるが、実際の学校では根付いていないということなのだろう。教えることがおろそかになっても、弁解の余地が今の学校には至る所にある。前述の通り多様な役割を教師たちに期待する今の風潮にも、この責任の一端がある。

†授業の具体性

二番目のリアリズムは、授業の具体性という点である。ここでは、第二章の対談で紹介された、話し合いの指導を例にあげて考えてみよう。

話し合いの指導（六八ページ）では、準備段階や実際の話し合いの場面で教師が果たすべき役割が具体的に語られた。「意見はありませんか」と何の準備もなく、生徒に聞くのではなく、言いたいこと、話したいことが出てくるための教材の提示と、その読み込みや分析を通した事前指導によって、話し合いを教えることが準備される。こうした事前の準備を行なうことが、全員が言いたいことを持つという目標を実現するための手段となる。

こうこういう力をつけさせたいという目標を実現するためには、どのような具体的な活動がもっとも有効な手段となるのか。その部分が計画的に考え抜かれているから、綿密な準備ができるのである。そのためには、目標はできるだけ具体的で明確でなければならないし、手段のほうも、目標の実現に有効なものをあらかじめ探し出しておかなければならない。大村のことばを引けば、「まず、育てたい力の基本になるところの頭のはたらきは、どんなことかをとらえ、そのような頭のはたらきをさせる仕事はないか、というふうに考えていく……」「教師はやはり、そのときやっていることが、どういう能力と結びつくのかということを、見つめていなければならない」（『教えるということ』一二〇頁）ということである。

ここに示されているのは、「合理的な計算」だ。そして、その基礎として、どのような活動を提供すれば、生徒たちの頭がどのようにはたらくのかという認識が教師の側に確実にある。頭のはたらかせ方についてのそういう理解が、まずは教師の基礎的能力になっているのではないか。そして、そういう発想を教室という場で生徒を相手に具体化できることこそ、教師の力量といってよい。私自身の大学での実践でも、このことをいつも考えて授業をしているつもりだ（それについては後で少し紹介する）。

大村は、どうすればどうなる、という、いわゆる目的―手段の関係にとても自覚的であるが、それができたのは、大村が自分でカリキュラムを作る実践をしてきたからだろう。

　普通の教師は、教科書を手がかりに教える。教科書を教える教師も少なくない。教科書とは、ほかの誰かが作りだしたカリキュラム（＝学習指導要領）の反映物だといえる。そういう教科書で教えるのではなく、教材を自分で作りだすという実践をするためには、どういう材料を使えば、生徒はどんな頭のはたらかせ方をするのかを、自覚的に考えざるを得ない。しかも、ある単元が終わったときに、そこに含まれたいろいろな学習活動が、組み合わせや積み重ねの結果、どんな大きな目標の達成につながるのか、そこまで計算しておかなければならない。そのように計画され計算された学習を準備したうえで教室に臨むことが、教えることである。

多くの教師にとって、教えることがあたりまえのルーティンワークになり、教科書を持って教室に行くことに新鮮な気持ちが持てなくなってしまうのは、教科書に込められたカリキュラムをただただ実行するだけに終わってしまうからだろう。教科書を使って教えるという方法に頼りすぎると、どのような具体的な教育目標が、どのような学習活動によって実現できるのかを考えるきっかけを失いやすい。それを考えるのは自分の役目ではなく、どこかの偉い人であるという感覚に陥ってしまうのではないか。そもそも、個々の学習活動が合わさったときに到達できる教育目標が明確にあったはずだということ、つまりは目的と手段との関係を忘れがちになる。そして、教科書の内容を全部教えさえすれば、めざす目標を達成したことになるのだと見なされるようになる。

しかし実際には、教科書を使って学習活動を行なえば、その単元の目的が実現できるという保証はどこにもない。教科書はそれほど完全なものではない。教科書という権威に安心してしまい、教えた結果として生徒にどんな力がついているのかのチェックが甘くなる。そこに、教科書に頼りすぎる授業の限界がある。教室からリアリズムが喪失していくのは、こうして学習と、それがめざしていたはずの教育目標との距離が生じるときである。

†身をもって教える

三番目のリアリズムは、教師が「身をもって教える」という教え方にある。先ほどの話し合い指導の例でも、教師が話し合いの場に、自分の意見を持って入っていくことが教師の役割として語られていた。司会者が困ったときに、励ますのではなく、自分が司会者になってすっと入っていく、というのだ。

ここには、自分がモデルとなることで教える、という教え方が示されている。それだけに、全体的であり、具体的であり、リアルである。そうやればいいのか――学ぶ側からすれば、まさに丸ごとの例示として、その場でもっとも必要な知識や技術の手がかりを受け取ることができるのである。

教師は模範的でなければならない、としばしば言われるが、こういう場合、どちらかといえば、教師の人間性を指していることが多い。それに対して、授業場面でお手本を示すことで教えるというのは、実技系の科目を除けば指摘されることはあまりない。しかし、教師は、生徒から見れば、一枚も二枚も上手の存在であり、生徒たちが立ち向かう課題に対し、どうすればその問題を解決できるのかを、身をもって示すことができる能力を備えているはずだ。教科の指導においても、話したり、書いたり、考えたりする「実技」を示すことができるのである。

このことは、単に教えるべき知識において教師が長けていることを意味するだけではない。身をもって教えるとは、生徒たちに追体験を許すように、教師自らの活動や言葉を通じて、知的な、あるいは精神的な活動の具体例を示すことだからだ。生徒たちがつまずきやすい課題を、どうしてつまずくのかを追体験できるように示しつつ、解決する方法を具体的に示していく。教師としてこういう根元的な意味での教育までをめざすことは、なまなかなことではない。しかし、あえてそこまで見据えようとする姿勢は、リアリズムのひとつの表れではないだろうか。

2 教えない教師たち

多忙な教師

このような教師のリアリズムを下敷きにすることで、教えない教師とはどのような教師であるのかが浮かび上がってくるだろう。

ひとつは、教えること以外に忙しすぎる教師である。学校の内外で生じる子どもの問題を、すべて教育問題とみなし、教師たちにその解決を迫る社会の期待が強まっている。いじめ、不登校、暴力など、子どもの問題をただちに学校の問題と見なす今の日本では、教師の役割も責任の範囲も拡大している。

教育改革もまた、教師たちに新たな課題を突きつける。地域や家庭などの学校外との連携・協力、改革の目的と成果を説明する責任、絶対評価の導入、「総合的な学習の時間」、校内・校外研修の数々——増えていくのは会議とペーパーワーク、それにさまざまな交渉の時間である。そのうえ土曜日の出勤がなくなったことで、休みになった土曜に家に仕事を持ち帰ったり、放課後遅くまで学校に残って仕事をする。学校週五日制以前にくらべてかえって仕事がきつくなったという声さえある。

教育をよくしていくことは、教師の仕事に、どんどん新しい役割をつけ加える足し算の発想でしか考えられていない。どんな仕事を取り除いていけば、教師の教える仕事が今より活性化できるのか。そういう引き算の発想とは逆である。ゆとりをめざす教育改革が、かえって教師たちからゆとりを奪ってしまう学校のしくみ、行政のしくみには目がいかないのだ。だから、教育をよくしようとする善意がかえって教育をむずかしくさせている。

こうした教師の多忙化のなかで、授業の準備や研究の時間が削られていく。授業で少しくらい手を抜いてもその影響はすぐにはわからない。ある研究会で、現役の小学校教師から、「忙しすぎるときに時間を削るのは授業準備だ。子どもにはわからないし、誰からも文句を言われないから」といった話を聞いたことがある。また、中学校の教師からしばしば聞かれるのは、生徒の問題行動に追われて授業準備どころではないという悲鳴である。

こうして、教えること以外の責任が増え続ける結果、教えることから退却する教師が出てくる。子どもに市販のテストをさせたり、ビデオを見せたりしている間に、教師は自分の机で書類書きなどの仕事をするというような光景さえ、現われるようになる。教えることの責任を果たしているかどうかが見えにくい分、その責任は、教師自身が自分でチェックしなければならない。にもかかわらず、教えることの責任をあいまいにしたまま、教師の仕事は多様化し、広がっていく。そして、社会が教師に求める多様な役割の前に、教えない教師が増えていくのである［注1］。

†教育目標と学習活動のあいまいな、あるいは呑気な関係

そしてまた、教える目標と手段としての学習活動との関係をはっきりと見通せないために、教師は教えなくなる。そこには、次の二つのタイプの「教えない」教師がいる。ひとつは、生徒の自主性にまかせることが「自ら学び、自ら考える」教育になると見なす教師であり、二番目は、知識の伝達に終始することで、教えたことになると思っている教師である。いずれも、教育の目標と手段とを結びつけることができない点で共通する。

いわゆる「新しい学力観」が導入されて以後、一九九〇年代の学校では、とくに小学校を中心に、教師は指導者ではなく支援者であると強調された。「新しい学力観」を広めるために、小学校教師用に書かれた文部省の解説書は、教師の役割と学習のあり方の転換を次のように求めている［注2］。

●子供のよさを生かす教育においては、必然的に子供たちの主体的な学習活動を重視

しなければならない。このような学習活動を支え、それを充実させる基盤として働くのが内発的な学習意欲である。

●このような学習指導においては、（中略）教師は子供たちの立場に立ってそれを支援するという指導観に立つことが肝要である。

●したがって、それは教師が一方的に子供たちに教え込む指導とは質的に異なるものであると考え、指導を工夫することが大切である。

●このような学習活動においては、問題解決的な学習活動や体験的な学習活動が基本になるであろう。

今回の学習指導要領でも、新しい学力観の延長線上で、「自ら学び、自ら考える」＝「生きる力」の教育を行なうことが強調されている。そのために新しく設定されたのが、問題解決的な学習や体験的な学習を進める場としての「総合的な学習の時間」である。

しかし、「教師が一方的に子供たちに教え込む指導」との対比として新しい教師像を探るときに、支援者としての役割が強調されすぎたのではないか。そのために、教育現場ではさまざまな行きすぎが生じた、と言われている［注3］。子どもたちの自主的な活動を尊重するあまり、教師による介入を「教え込み」だと嫌う風潮が広まっていったのである。

本書の中で大村がいうように、子どもの個性はそれほど簡単に壊されるものではないのだろう。ところが、子ども自身による「気づき」や「学び」が重視されたことの反動で、教師たちが積極的に教えようとすることを躊躇するようになったのである。「～をしてごらん」と生徒の活動を重視する体験的学習が行なわれるようになる一方で、そうした活動が、どんな学習に結びつき、どんな教育目標の達成につながるのかは見えにくくなっていく。子どもたちが自分の力で考えるということは、教師の指導なしでもできるものだとの誤解も生じやすい。

†「考える」ところで「教えること」をしない誤解

しかし、こういう単純な誤解以上に深刻なのは、せっかくいいところまで生徒たちを導いても、最後の「考える」ところで、教えることを躊躇してしまう誤解のほうである。第三章で大村が述べているように、「このいい頭が考えるのよ」と、子どもの考えにゆだねることで、学習が終わってしまうような場合である。一見、子どもの自発性を尊重しているように見えて、実際のところは、もう一段階上の思考へと生徒を導くチャンスをみすみす逃してしまっている。

あと一押しの「教えること」がないために、子どもが自分で考える力も中途半端に終わってしまう。単純な子ども任せではないだけに、その一歩を「このいい頭が考えるのよ」で済んだことにしてしまい、そして、それがいい授業であったとさえ見なされてしまうところに、子ども自身の「気づき」に任せる学力観のワナがある。教師が教えることを差し控えてまで、子どもが自分で気づくことが、「自ら考える力」につながるといった主体性信仰のワナである。そこに、新しい学力観の限界がある。

同時に、子どもがいきいきと活動すること自体に価値が置かれたり、学習の目標が抽象的になりすぎたりする傾向（たとえば「生きる力」）が、近年さらに強まり、手段であったはずの活動や体験の価値が強調されるあまり、活動を促すこと、体験の場を与えること自体が教育の目標になってきている。そうなれば、目標と手段との関係を冷静に見ようという見方自体がさらに弱まっていく。あるいは、目標が抽象的になると、それを実現するための適切な手段が何であるのかも問われなくなる。

ましてや、学習の成果は目に見えないものだといってしまえば、成果自体をとらえようとすることが無意味になる。「ペーパーテストのような点数に表れる学力ではなく、目に見えない力をつけることが、新しい学力観の教育だ」といった主張を聞くことも多い。たしかに第三章でも語られた通り、テストというものは子どもが信じ込まされているほど万能な物差しではない。従来のテストで測れない大切な力があるということは確かだろう。

しかしそういう力が大切であればあるほど、それが具体的にはどういう力なのか、どう育てればその力は獲得できるのか、その力がついたかどうか、どうやったら知ることができるのか、それを具体的に摑んでいなければならないはずだ。

誰にも見えない王様の服を、ただありがたがるわけにはいかない。裸の王様かもしれないではないか。測りようもないと言われるような力をめざすには、なおさらその基礎として、具体的な頭のはたらかせ方を確実に摑むことが重要になってくるはずだ。実際、知識の単純な総計を越えた「考える力」をつけることは、口で言うほど簡単なことではない。それを、私自身、大学の教室で身をもって感じているだけに、目に見えない力が大事だというだけの主張が空虚に、あるいは呑気に聞こえるのである。

†意欲や関心は「学力」なのだろうか?

もうひとつ気になるのは、「関心、意欲、態度」といった面までを「学力」の一部として考えようとする新しい学力観である。こういう考え方が授業の組み立てに与えた影響は大きく、生徒たちの興味・関心をいかに高めるかが、非常に重視されるようになっていった。たとえば、授業の導入部に体験的な活動を持ち込むなどの工夫を凝らした授業が増えている。三角形の底辺と高さと角度の関係を学習する導入部として、みんなで校庭に出て、どうすれば校舎の高さが測れるのかをいろいろ試してみる。そういった体験を交えた授業の導入の工夫である。

しかし、せっかく工夫が成功して、関心の高まりまでは実現しても、最終的にどのような学習が行なわれたのかにまでは目の行き届いていない授業が増えているという報告もある［注4］。意欲や、関心さえ高まれば、あとは自然と子どもが主体的に学んでいくはずだという前提が強すぎるからだろうか。授業の時間配分が導入ばかりにかかってしまい、肝心のところで時間切れとなるケースもある。その結果、学習の定着や目標達成にまで目が向かなくなるのである。

どうしてこのようなことが生じたのだろうか。学習指導要録における新しい学力のとらえ方において、「関心、意欲、態度」が、「知識、技能」よりも上位に置かれたとの勘違いから、意欲や関心を高めること自体が教育の目標として掲げられるようになったと言われる［注5］。その結果、そうして高められたはずの意欲や興味・関心のもとで、どのような学習が行なわれ、どのような力が身についていったのかをチェックすることより、興味や関心を高めること自体に力点を置く授業がもてはやされるようになった、というのだ。

子どもたちも教室でじっと席に座っているより、体験的な場に出るほうが好きだ。それはそのほうが楽しいに決まっている。子どもの楽しさを強調すれば、体験を増やすことが求められる。授業への関心を高める上で、体験的な学習は導入部には使いやすい。

だが、学習のための条件ともいえる「関心、意欲、態度」を、「学力」の一部に組み入れたことで、目的と手段との関係はあいまいになってしまった。生徒たちが楽しそうに活動する授業は、その活動のいきいきとした状態自体が評価される。その反面、そこで何が教えられ、何が学ばれているのかを反省的にとらえようというリアリズムは弱まっていく。

これまでの教育からの転換を急ぐあまり、教えることと「教え込み」とを混同し、教師たちに教えることを躊躇させるような空気をつくりだした。教えることと教え込みとの区別をつけられない教師に、教え込みはいけないと強調しすぎたこと。そこに、「新しい学力観」の問題があったと言ってよいだろう。

これとは対照的に、旧来型の教科書中心の授業を変えない教師たちもいる。大村のリアリズムを下敷きにすれば、教科書の内容をただただ消化することに精一杯の教師もまた、教えない教師ということになる。先にも述べたように、教育のねらいと学習活動との関係を、自覚的にとらえる機会が失われやすいからである。教科書の内容を説明したり、その内容に関する問題をやれば、教育の目標が達成できると思ってしまう。どんな学習が行なわれたかより、教科書の進度に目がいきやすい。授業のねらいと生徒の学習活動との関係が教科書や指導書に組み込まれていることを前提としてしまうだけに、生徒たちがその学習を通じてどのような力を身につけているかに目が届きにくくなるのである。

このような授業のもう一つの問題点は、子どもの学習成果の評価が、教えることのチェックになりにくい点である。教科書に準じたテストの結果をもとに、生徒の成績をつけることはできる。しかし、その結果が教師の教え方をどのように反映したものかを見ようとはしない。テストの結果は、教科書の内容を生徒がどれだけ理解したかを示すものとしてとらえられ、そこから、どのような力が生徒たちについているのか、その力をつけさせる上で自分の授業がどれだけ貢献したのかを読みとろうとする反省が起こりにくくなるのである。しかも、教科書以外にも市販の教材やドリルなど、便利な道具が今の学校にはあふれている。市販のテストによっては、採点さえすれば、それぞれの設問が観点別評価のどれに対応するのかまで、教師に代わって準備してくれる。多忙な教師にとっては、助けとなることこの上ない。こうして授業の自動化がますます進み、教師は教えなくなる。

†身をもって教えることのできない教師

大村の実践を合わせ鏡にしたとき、そこに映る「教えない教師」として、もっともむずかしい課題を背負っているのは、身をもって教えることのできない教師のことだろう。体育や芸術系の科目なら、教師が見本を見せることは少なくないだろう。跳び箱の飛び方を教師が自分でやって見せたりする場合である。

では国語や算数・数学や理科や社会や英語といった教科を教えるときに、教師は身をもって生徒に教えることができているのだろうか。「総合的な学習の時間」ではどうだろうか。教科による若干の違いはあるだろうが、身をもって教えるということは、課題に応じて、頭のはたらかせ方、そもそもどのように頭をはたらかせることが「考える」ということなのかを、具体的に示すことだと思う。ひとつひとつの知識やばらばらの情報を解釈し、位置づけ、意味づけるプロセス、さらにはそこから発展的に考えるプロセスを、具体的に生徒に示すことで、生徒はそれをまねることができる。この部分は教育のかなり中枢を占める活動ではないかと思われる。

しかし、抽象的にそう言うことはたやすいが、実行となるとそうはいかない。教師といえども、頭のはたらかせ方というものによほど自覚的でなければ、そのプロセスを具体的に他者に示すことはできない。数学の証明問題のように、それ自体が考えるプロセスを扱うような課題でさえ、頭のはたらかせ方を生徒にわかるように見せることは簡単なことではない。この本の読者の大半は大人だと思うが、中学・高校の頃の数学の勉強を思い出してみてほしい。

たとえば三角形の合同の証明というのを覚えていらっしゃるだろうか。与えられた条件のうち、どこに着目すると証明できるのか。基本的な問題であれば、単純に定理を応用すればよいが、応用問題ということで図形が複雑な様相を呈してくると、そのどこに着目して、どの定理を利用して、どういう補助線を引けば解決するのか、手の着けようがないような、お手上げの感覚を覚えておいでの方も多いのではないだろうか。その込み入ったプロセスを見通せる力をつけるためには、証明のしかたを教えるだけではだめだ。一本の補助線が引ければ解けるという場合でも、どうしたらそこに線を引けばよいとわかるのか。

その目のつけ方、目のつけどころが一番の問題で、それは個々の問題の解き方をいくら教えても、なかなか気づくようにはならない。白紙から出発して、いくつもありそうに見える糸口を、どう判断して取捨選択するか。一向に見えない出口を探るとき、まずどこから手をつけていくか。こういった頭のはたらかせ方に目を向けてやらない限り、生徒の理解はほんとうには深まらない。さもないと練習問題を一〇問解けるようになったところで、一一問目が解ける保証は非常に低いものとなってしまう。

†頭のはたらかせ方を示す

今はやりの、生徒たちが自分で調べて発表するような授業であれば、情報をまとめるということは、どういう頭のはたらかせ方をすることなのかを、身をもって例示できる絶好の機会であるはずだ。複数の情報から共通点を探し出すときに、どうやって一般化、抽象化という頭のはたらかせ方をするのか。「なぜ」という問いをどこに挟めばよいのか。考えの発展のさせ方を、いくつも身をもって示すことが非常に有効であるはずだ。調べた情報を、因果関係としてまとめるには、どのような考える力をどのような手順で使っていけばよいか、お手本として実演するのである。

つまり、教師は正解や知識を知っているだけではまったく不十分なのであって、ときには生徒の前で、明確に「わからなかったことを、どうにかこうにか考えて、その結果わかるようになること」のデモンストレーションを、それこそ身をもって示し、追体験させてやらなければならない。大村が「てびき」という形で子どもに提供しているのも、この追体験のための鍵だろう。それができるかどうかこそが、教師の力である。要するに自分の頭のはたらかせ方を、一歩引いたところで見つめ直し、言葉で表現できるようになる、そういうメタのレベルの思考力に関係する問題である。

私の印象では、そもそも教師になる大学の教員養成課程での学習においても、教師になってからの授業の準備の仕方においても、生徒たちがどのように頭をはたらかせて考えたり、話し合ったり、問題を解いたりしているのかを客観的にとらえる機会は非常に少ない。

考えるということが、それぞれの課題によって、どのように頭をはたらかせていることとつながっているのか。種類の異なる頭のはたらかせ方を誘発するには、どのような課題を与えたり、どういう問いを提供すればよいのか。こうしたことについて教師たちが学ぶ機会は、残念ながら非常に少ない。

そもそも、大人だからといって、あるいは教師だからといって、自分自身がどのような頭のはたらかせ方をして考えを進めていくかということを、はっきりと自覚的にわかっているわけではない。そうした状態のまま、生徒たちに考える力をつけさせようとすれば、身をもって教えることなどできるはずがない。さらにいえば、それを自覚的に教えている大学教員も少ないという印象を持つ。研究者という、考えることのプロであるはずの大学教師でさえ、教員養成課程の学生たちに考える力をつける授業ができているかどうか。生きる力が大事だというわりには、大学の授業も心許ない。その意味では、大村のいう、身をもって教えない（大学の）教師によって、将来の教師たちが教育されているのかもしれない。これでは堂々巡りである。

†考えることを教える

学生たちに考える力をつける授業は、大学でも簡単なことではない。私もそれをめざしながらも、日々むずかしさを痛感している。そのことを認めた上で、私が大学で行なっている授業について書いてみたい。大学という、小中学校での教育実践とはまったく違う環境のもとでの授業であり、しかも、東京大学という比較的学習意欲の高い学生たちを相手にした実践である。基礎学力に不安を抱え、学ぶ意欲にも欠ける子どもたちと奮闘している教師たちから見れば、あまりに恵まれた授業環境だと言われてしまうだろう。

このような違いを承知で私の実践について書こうと思うのは、それが学生たちに考える力をつけさせることをめざした授業であり、その点で、「総合的な学習の時間」がめざす課題と共通するところがあると思うからである。ある意味では、恵まれた学習環境にある私の授業実践をもとに、「自分の頭で考える」ことを教えるとは、どういうことかについて、そのむずかしさとあわせて、小中高にも共通する課題を探ってみたい。

この数年、私が担当した学部三年生向けの授業は、「比較教育システム論」という演習である。最近は教育改革をテーマとしている。改革がフリーター問題などの雇用や労働市場に及ぼす影響、家庭の文化的環境と子どもの学習との関係などについても、考えようとしている。国際的な比較や、教育と社会のほかの領域との相互関係なども、重要な論点となっている。

この授業は、週に二回、それぞれ二時間ずつ行なう。多くの大学の授業は週に一回だけだから、学生にとってはきついゼミだ。しかも学生たちは、あらかじめ文献を読んでくることが求められる。基本的な情報の伝達は、文献の講読によってあらかじめ済ませておきたいと考えるからである。

授業の前半の二カ月は、文献中心の授業だ。毎回一〇〇ページくらいの専門書や論文を読んだ上で、私が学生たちにつぎつぎと質問を投げかけていく。学生の答えをもとに、さらに質問を投げかけたり、学生たちの意見をくらべたり関係づけたりしながら、そこから学生どうしの議論を発展させたりする。文献の要約をレポーター役の学生が引き受け、あとは自由に討論といった授業ではない。全員が、文献のポイントを摑めるように、読み方のコツを教えるのも授業のねらいだからである。

たいていの授業では、それぞれの文献がどのような問いを立てているのか、その問いに答えるために、大きな問いをどのように小分けし、あるいは解答可能なように加工しているのかに着目するところから始まる。後半の二カ月で、学生たちをグループ分けしてそれぞれのチームごとにテーマ設定し、学校でいう調べ学習（大学ではリサーチと呼んでいる）をさせるが、その際に、自分たちが問いを立て、解答可能なように加工するためのテクニックを先達の文献を通して学ばせておくのである。

いくつかの具体例をあげて、頭のはたらかせ方をどうやって予想し、学生たちに考えることを促す授業をしているのかを示してみよう。最初に紹介するのは、読みとった情報を、どのように関連づけていくかという練習の例である。

†要因と思われる点を複数出す――授業例1

ある研究文献から、「私立や国立の中高一貫校のない地方（非大都市圏）では、高校が、受験のための補習授業などをやるケースが多い」ということがわかった。まずはこの情報をもとに、なぜそうなるのかといった原因を考えていく。すでに読んでいるほかの文献で得た知識なども基礎として、「なぜ」という発問を契機として、学生たちはさまざまな原因や理由を考える。これはいわば準備段階である。

たとえば、ある学生は、「地方では大都市部にくらべて塾がないからだ」と答える。この場合、塾や予備校の代わりを高校が果たすのだという考えが前提にある。それでは、なぜそういった役割を地方の高校は担うのかを問い返す。これが、次の展開になる。「塾がいくつかはあったとしても、お金が払えない家庭が多いからではないか」という答えが出てきたり、「地方の高校の先生ほど、生徒の進路に責任を感じやすいからだ」といった意見が出てきたりする。

こうやって、学生たちに原因と考えられることがらをつぎつぎに言ってもらい、それを要約しながら黒板に書いていく。そのとき、学生が注目したことがらを四角や丸で囲み、それらが、ほかの要因とどんな関係にあるのかを、矢印で結んだり、対立するような関係の場合には両側矢印で結んだりする。チョークの色を変えることで、同じ次元のことがらなのかどうかも区別していく。

しばらくすると、黒板には、いろいろな要因どうしの関係を示す、大きな図式ができあがっている。そして、ところどころに、学生たちが原因と結果を結びつける上で考えた、論理を示す言葉がつけ足されている。たとえば、「公立高校の教師の役割意識の、地域による違い」といった項目が足されるのである。

このように、単に原因をあげるだけではなく、どうしてそうなると考えたのか、その理由をあわせて説明してもらうことで、推論のステップや、その原因と結果との間にどのようなほかの要因が入り込んでいるのかを明確にしていく。そして、それも黒板に示すのである。

ここでの頭のはたらかせ方は、それまでに知っていた知識や想像力をもとに、なぜある条件の下ではある現象が起きやすいのか（この場合、地方ほど補習が多い）を類推するということである。非大都市部の現象について考えるときには、大都市部との比較という視点が、無意識にでも入っているはずである。それぞれのケースで、基本的な条件はどうなっているか（例えば塾などへ行きやすいか、その地域から進学できる高校の数はどちらが多いかなど）についての情報や推測を確認する。そして、そういう条件の下で、人がある目標を達成しようとするときにどのような合理的な判断をするのかを予測する。

その手順で、ある状況が現出するときの理由に迫るのである。たとえば、塾も予備校もない地方の高校で、大学進学をめざす生徒たちを目の前にしたときに、その高校の先生が、どんなことを考えた上で補習の実施に踏み切ったのか。その理由を理屈として納得できるような形で想像してみるということである。

さらに、そうした合理的な判断をもたらす条件についても、より細かい点に目を向けてみる。都市部とは違い、地方の高校生にとって浪人したときのコストも大きい。そもそも家庭の経済状態も、都市部にくらべて制約されることも多いだろう。こういう予測をしたとすれば、「経済状態の違い＝コスト負担の差」という要因を仲立ちに、矢印（↓）で、「生徒を大学にできるだけ現役で合格させたい」に結ぶ。このように想定された目標を実現するために、公立の高校であっても、親の学校への期待が大きくなるだろう、という仮説が立つのである。

†複数の「なぜ」の因果関係を考える

複数の「なぜか」という問いを間に挟むことで、人びとの行動の基準であるとか、前提条件であるとか、目標設定がどのように行なわれるだろうかとか、いろいろなところに目を向けて、因果関係を考える。そのとき、どういう領域に属する現象に着目しているかに、気をつけてもらう。たとえば、これは家庭の経済状況といったお金にまつわる領域の問題だとか、自宅通学できる大学が少ないことは、入学者の需要が少ないといった大学入学者市場や大学立地の領域に属する問題だとか、あるいは、受験教育に関する考え方の違いといった教師の意識の領域に属する問題だとか、というようにである。どういう領域の問題かを区別して考えることで、問題発生のしくみがさまざまな領域にわたり、異なる次元に属することを理解してもらう。そういう頭のはたらかせ方を期待するのである。

そして、考え出されたそれぞれの理由が、現実社会のどういう側面に着目したものであるのかを一緒に考えていくことで、ある現象が生じる際の、さまざまな要因の関わり方の違いにも目が向くようになる。なぜという問いをどこに挟めば、議論が展開しやすいか。それを示しながら、複数のなぜをつぎつぎと引き出していくように、質問を投げかけていくのである。

さて、実はここまではまだ準備である。地域による親や生徒の期待の違い、教育条件の違い、経済状況の違い、公立学校の役割や教師の意識の違いといったことが、四角や丸で囲まれた項目＝現象として、互いに矢印や線で結ばれている。こういう原因―結果の図式が黒板に書かれている。まずは教育をめぐるこういう大きな図柄が、学生の頭の中に納まることが必要なのだ。

そしてその上で、たとえば、学校週五日制の全国での一律実施ということが、こういうこれまでの高校教育のあり方にどのような影響を及ぼすのか、ということを重ねて質問するのである。教育のあり方を、いろいろな条件や要因の絡まり合いとして理解したことを前提として、そうした環境の中で、新しい変化が起きたときに何が起きるか。原因―結果の複雑な関係がどのような影響を受けるのかを想像していく。そこから、全国一律に実施される教育改革が、地域によって及ぼす影響の違いを考える手がかりが得られるのである。

要するに、地域による違いという視点をつけ加えてみることで、教育改革がどのように違って見えてくるのかを考えることをめざした授業である。ある現象がほかの現象の原因となるということを想定した上で、その関係に影響を及ぼす、より大きな要因をつけ加えてみる。そのときにどんなことに気づくのか。別の視点（この場合、地域差という視点）をつけ加えることが、どういう頭のはたらかせ方をするのかをわかってもらう授業でもある。

†わかったつもりの抽象語を明瞭化する――授業例2

もうひとつ、別のタイプの実践についても紹介しよう。これは、わかったつもりで使っている言葉に引きずられてしまうとき、議論の際にどんな視点を見過ごしてしまうかに気づくための授業である。むずかしい言葉や含みの多い言葉を、なんとなく概念としてわかったつもりで使うと、案外といろいろ違う意味が出たり入ったりしたり、ただ語感にしたがっていい意味や悪い意味を勝手に与えてしまう。そのことを知るための方法である。言葉を通じて、何かを理解するということに疑いの目を向けるための頭のはたらかせ方を教える授業の一環である。

たとえば、今年の授業では、教育の議論の中で「自己」や「自分」ということが重要な位置を占めていることをテーマにした議論を行なった。今の教育改革の流れは、「自己理解」や「自分で考える」「自ら学ぶ」など、自己や自分から何かをすることがいいとされる考え方であふれている。教育関係の審議会の答申などでも、教育は子どもたちの「自己実現」をめざすものだとか、教師の役割は、生徒の「自己実現」を支援するといったような文章が登場することが多い。

このようなときに、学生たちに「あなたは自己実現していますか」と聞く。その問いに対しての直接の答えというのは、もちろんそれぞれに出てくるわけだが、それに加えて、どうしてそう答えたのか、どういう状態を指して「自己実現」していると思ったのかを問いかけていく。

教育学部の学生であると、自己実現がいいことだという予見を持っている場合が多い。「まだ自己実現はしていません」といった答えをする学生も少なくない。「それではどうなったら自己実現になるのか」と質問すると、「自分の夢が叶ったとき」とか「自分らしくなれたとき」とか、学生は抽象的に答えることが多い。

自分らしくなれたときが自己の実現だとすると、「自分らしい」とはどんなことか。それを学校や教師が支援できるというのはどういうことか、とさらに議論を展開していく。それでも抽象的なレベルで話が続くことが多い。その場合には、具体例をあげて、どういう状態だと「自分らしさ」といえるのかを言ってもらう。

こういう問いを投げかけるのは、「自己実現」のような用語が、よく使われるわりにはその内容を漠然としか理解していないことが多いこと、抽象的な概念として使っている限り、内容がわからないまま、いくらでも話が続けられることを実感させるためである。と同時に、抽象度を下げて具体例を考えることで、自分の身の回りの現象として「自己実現」を考えることがむずかしいことにも気づいていく。さらにいえば、それを教師のような他者がどのように支援するのかを具体的な関わり方として想像することも、いわれるほど簡単ではないことに目が向くようになる。

この場合、どんな頭のはたらかせ方を想定しているのか。

教育の議論では何気なくわかったつもりで使っている用語を、自分自身のケースに当てはめてみるときに、学生たちはまずは抽象的な別の表現を探し出すだろう。そういう予測である。そして、できるだけ具体的な自己実現の例をあげてもらうことで、抽象から具体へと自分に身を置いて考える状況をつくりだす。答えとしては、職業選択の場面（自分のやりたい仕事が見つかってばりばりやっているとき）や、ほかの人との関係の場面（自分を繕うことなく、自然体で仲間と過ごせているとき）などが出てくることが多い。そういう場合、どうして、そういった場面を想定するのかをさらに議論していく。それによって、自己実現をめざす教育が、いったい具体的にはどのようなことを指しているのかを考えるための手がかりが得られるのである。

この授業のポイントは、抽象的に語られる教育の用語を、「自分が〜だったら」というように、自分に身を置いてとらえ直すことにある。そのとき、教育用語がどのようなはたらきを持っているのかを学生たちは考える。その空虚さに気づいたり、具体的な手だてを探すことがむずかしいことがわかる。そして、そこまでの考えをもとに、にもかかわらず、教育用語として通用しているのはなぜなのか、という問いへと進んでいく。教育界に特有のこういう不思議な現象のからくりや、それがどのような問題をはらんでいるのかを議論するためである。いろいろな現象を自分たちに位置づけ直すことで、抽象と具体とのやりとりが可能になるという例である。

†中教審が使う「個性」ということばの意味は?

これと似た例に、「個性」がある。教育の世界で多用される個性ということばは、実に多義的に使われている。いろいろな意味を帯びているのに、それでも会話が成立してしまう。ちょっと考えてみると、不思議ではないか。たとえば「個性」が多用されている、文部省の審議会の答申などを使って考えてみる(これらはいずれも、一九九七年の中央教育審議会答申からのものである)。

〈文例1〉教育は、「自分さがしの旅」を扶ける営みと言える。子どもたちは、教育を通じて、社会の中で生きていくための基礎・基本を身に付けるとともに、個性を見出し、自らにふさわしい生き方を選択していく。子どもたちは、こうした一連の過程で、試行錯誤を経ながら様々な体験を積み重ね、自己実現を目指していくのであり、それを的確に支援することが、教育の最も重要な使命である。このような教育本来の在り方からすれば、一人一人の個性をかけがえのないものとして尊重し、その伸長を図ることを、教育改革の基本的な考え方としていくべきである。

〈文例2〉これからの我が国社会は、国際化、情報化、科学技術の発展、さらには高齢化・少子化などといった急速な変化に直面し、先行き不透明な厳しい時代を迎えることとなる。こうした社会の変化に柔軟に対応できる、個性的な人材や創造的な人材を育成することは、我が国が活力ある社会として発展していく上で不可欠である。

〈文例3〉子どもたちは、「ゆとり」の中で、学校・家庭・地域社会それぞれの場において、様々な生活体験や自然体験、さらには社会体験やボランティア体験などの豊かな体験を積み重ね、様々な人々と交流していく。そして、子どもたちは、そうした実際の体験や人々との交わりを糧として、試行錯誤を繰り返しながら、個性の萌芽とも言うべき興味・関心を触発され、生活や社会、自然の在り方を学んだり、人間としての在り方や生き方をじっくりと内省する。こうした過程を経て、子どもたちは、机上で学んだ知識を生きたものとし、自ら学び、自ら考える力などの「生きる力」を身に付け、豊かな個性をはぐくんでいくのである。

これらの文章に出てくる「個性」を、別のことばに言い換えてみるのだ。一種の「禁止語のすすめ」の授業例である（拙著『知的複眼思考法』〔講談社〕を参考に）。ある場合には、「自分らしさ」とか「ひとりひとりのよさ」のような言い換えになったり、別の場合には「一人一人の特性や適性」、「特技」「特長」と言い換えられたりする。つまり、厳密に意味をとらえていなくても、読み手や語り手によって違う内容を想定していても、誰の疑問を呼び起こすこともなくするりと通用してしまうことばに向かい合い、そのことばを使わずに議論したり、言い換える練習をするするのである。

この授業の場合には、言い換えという作業によって、学生たちが「個性」をわかったつもりにならずに、苦労しながら翻訳していく。そのときの頭のはたらかせ方を体得させたい。自分らしさとか、自分のよい点といったことを指したり、才能や能力を指したりといったことばに置き換える。そのとき、それぞれの文脈のどこに着目してそう言い換えたのか。それをあわせてコピーの隅に書き出してもらう。この個性というしばしば使われる教育用語の多義性が、ほかのどんな用語と一緒に出てきやすいのか。どんなことばの近くで使われたときに、ある特定の意味を帯びるのか。そうしたことを考えさせるのがねらいである。

このような準備をした上で、さまざまに言い換えられても、この種の文書の中では、個性がよい意味でしか使われていないことに気づかせる。そして、それをもとに、教育論の中で想定される個性の特徴に目を向けさせる。こういう議論を通じて、教育についての文章を読むときに、暗黙の前提となっている考え方（この場合では「悪い個性はない」という前提）を取り出し、そういう文章がなぜ教育界で流通しているのかを考える授業を展開していくのである。

†「考える力」の教育のむずかしさ

小中学校の授業とは非常に違うレベルだろうとは思う。それでも、頭をはたらかせるための働きかけということでは、少しは参考になるのではないかと期待する。あるいは、読者の方々にも、こういう視点の取り方を通じて、教育を論じるときの頭のはたらかせ方を体験してもらえれば、それはそれで意味あることかもしれない。教室での実際のやりとりを再現することはむずかしい。どこまで伝わったか歯がゆい限りではある。それでも、考えるための授業を行なうには、教える側が、考えるプロセスをどのようにとらえるかが大切だということが少しでもわかってもらえたら、自分の授業を例に使った甲斐がある。

二カ月ほど文献講読をもとにこのような知的なトレーニングをやった上で、後半では学生たちが自分たちでリサーチをする。四、五人のグループを作り、今度は自分たちで文献を調べ、それをもとに、自分たちが立てた問題に答えるための準備をする。文献を探し、読むための準備は授業までにやってくる。毎回の授業は、そうやって調べたことを毎回レジュメにした上で、ほかの学生たちと議論を深める場となる。そこに私や、大学院生のTA（ティーチングアシスタント）がついて、議論の進め方に、今度は「支援者」として関わっていくのである。必要な助言を与えつつ、そこからは学生たちの主体性に任せる部分を増やしていく。こうしたリサーチを通じて、最終的にグループごとの発表、さらに個人別のレポートの執筆をもってゼミは修了となる。こうした学習活動は、まさに「総合的な学習の時間」がめざすところと重なっている。

最終レポートを読むと、最初の頃の学生たちの議論の仕方と格段に違うレベルに思考が到達していることがわかる。調べるということがどういうことか、調べたことをどうつなげて論じていけばいいのかを、何とか身につけてくれているようだ。

それでも、毎回、考えさせる授業はむずかしい。うまく発問が組み立てられなければ、学生たちの思考とすれ違ってしまうからだ。事前の準備にも時間がかかる。その場その場の判断のむずかしさもある。たった二〇人の学生を相手に、一人の教授と二人のTAとで行なっていても、学生一人ひとりの思考に切り込むことは簡単ではない。これだけ自由度の高い授業でも、教えることのむずかしさに直面するのだ。

「自ら考える力」を育てる教育。教育改革がめざしているこの理想は、私自身の授業実践の目標そのものでもある。だが、言葉として語るだけなら簡単なことが、いざ実際に教室で実行しようと思うと、ほんとうにむずかしい。学ぶ側の頭のはたらかせ方に、教師がどれだけの想像力を持って働きかけることができるか。スローガンとして掲げさえすれば誰にでも簡単にできるような授業ではない。何かを調べさせ、まとめさせ、発表させれば、それで生徒に考える力がつくという単純な話ではないのだ。

しかも、教育関係の授業を中心に大学教育を見渡しても、将来の教師たちに、こういう考える経験を与えようとする授業がどれだけあるか。「生きる力」を唱える教育学者の授業が、案外と学生たちに考える力をつけさせない、退屈で一方的な授業にとどまっているという皮肉な例も少なくないようだ。「考える力」の教育のむずかしさを、私は身に沁みてわかっている。だからこそ、大学教師という自分の経験をふまえた上でも、安易な教育改革に警鐘を鳴らしてきたのである。大村ほどの実践家ではなくても、同じゴールをめざす教師の一人として、そうした教育改革のもとで教えなくなる教師が気になるのである。

3 教えることの復権をめざして

教えない教師たちのことを書いてきた。そのねらいは、教師たちを追いつめるためでも非難するためでもない。教えることの復権にいたるには、何が欠けているのか、何がよけいなのかをあぶり出すためであった。その何かがわかれば、少しでも教える教師に近づける。そう考えるからである。

とはいえ、私自身を含め、誰もが大村のような教師になれるわけではない。大村のリアリズムを実践しようと思っても、無理を感じる教師も少なくないだろう。ここでは、そうした限界をふまえた上で、ではどうすれば教えることの復権ができるのかについて、私自身、研究者という立場ではなく、教師という立場から考えてみたい。

†なぜ教えるのですか?

子どもたちが真正面からこちらを見つめて、「子どもはなぜ勉強するのですか」「どうして勉強しなければならないのですか」と問いかけるテレビコマーシャルがあった。モノクロトーンで表れる子どもたちの、演技とは思えないまっすぐな眼差しは、学ぶことの意味づけや動機づけがむずかしくなった時代を印象づけるのに成功している。なぜ勉強するのか、理由が見つからない。その理由がわからなければ、学ぶ意欲など持てようはずがない——このような（暗黙の）前提を突きつけるメッセージは、このコマーシャルのみならず現在の日本の教育界にあふれている。

しかし、なぜ勉強するのですかという問いに答えようとすることは、今それほど大事な問題なのだろうか。この問いを深めていくことは、必ずしも、子どもたちに納得可能な理由を提供することではない、と私は思う。クラス全員にそれぞれが納得のいく答えを与えることなど、どだい無理だ。できたとしてもまやかしでしかないのではないか。むしろ、このような問いかけがあたりまえのこととして私たちの前に表れるようになった原因を考えることから、教育の問題点を考えてみたい。

実のところ、「なぜ子どもは勉強しなければいけないのですか」という疑問は、子ども自身による問いの形に見せかけて、そこには大人の側の、教えることへのゆらぎが反映しているのではないだろうか。「なぜ」を問題としているのは大人自身なのだ。あたかも、どの子どもこうした疑問を持っているかのような状態を想定して、この疑問に答えられないことが教育の根本的な問題なのだと考え始めたのは、ほかならぬ大人自身である。もちろん、大人たちの変化に気づいた子どもの側からも、同じ問いかけが出てはいる。しかし、彼らの疑問に答える前に、大人や教師は、「なぜわれわれは子どもたちに教えるのか」という問いに十分な答えを用意してきたのか。

「なぜ教えるのか」という自分たち自身に向けるべき問いを、「なぜ勉強するのですか」という子どもの側の問いへとスライドさせ、その視点こそが今の教育の要請にかなっていると見てしまう。「なぜ教えるのか」に答えることよりも、「なぜ勉強するのですか」という子どもの問いに答えることのほうが今、必要であり、重要である、そういう教育の考え方がここにはある。子ども中心という、一見ヒューマンな印象の強いスタンスが、ここでも足かせになっているように見える。このように問いをスライドさせることで、大人たちが責任逃れしていることは気づかれていない。あるいは大人の側として「なぜ教えるのか」という課題を、不問に付してしまっているのかもしれない。

「なぜ教えるのか」に答えることと、「なぜ勉強するのですか」という子どもの問いに答えることは同じではない。一方は教える側の問題に限定できる。それに対し、後者の疑問は、子どもの側の納得や、子どもへの説得という側面を含んでいる。なぜ勉強するのか、それを子どもたちにわかってほしい、わかるようにしなければならない。そういう問いの突き詰め方をして、子どもにとっての学ぶことの意味が見いだしにくくなっている原因を、学校が教える知識（「学校知」）の問題点に求めすぎてはいないか。どうせ学校で教える知識なんて社会に出たらなんの役にも立たない、カビのはえたような知識など現代社会の変化に対応していない、だから、子どもが学ぶ意味を見いだせなくなっている、という批判が大人の中に常識化しつつある。

しかし、このように学校知を批判するあまり、この問題を解決しない限りは、教えることも無意味だという論理をつくりだしていないか。学校が教える知のあり方を見直すことは必要だとしても、その適否の基準が子どもの側の納得に寄り添いすぎていないか。そのあいだにいつの間にか、「なぜ教えるのか」という問いは置き去りにされ、そして教えることが後退してしまい、子どもたちの学ぶ意味はますます見えにくくなる。そういう悪循環が生じているのではないか。だとしたら子ども中心の問いの立て方をいったん脇に置いて考えてみることも、それなりに意味があるはずだ。

そして、かわりに「なぜ教えるのか」を突き詰めていくことが、教えることの復権につながるのではないだろうか。一人ひとりの子どもの納得をひとまず措くことにする。子どもにわかるような答えが見つかれば、もちろんそれはそれでいいが、しかし子どもがわからなくとも、大人の世界として「なぜ教えるのか」という問いに私たちは答えるべきだ。教えることの意味が確固たるものであったならば、子ども自身がどう感じ、どう思おうと、子どもの学習には社会的な意味が与えられるはずだ。結果的にその中で、子どもたちがなぜ学ぶのかの答えを見つけるかもしれない。

ただ、それをはじめから期待するのとは別に、私たち大人が、なぜ教えるのかという問いに答えることが先決だと思う。誤解を恐れずに言うならば、その答えをもとに堂々と教えることさえできれば、すべての子どもがなぜ勉強するのかを当面は納得できなくても、ひとまずはよいのだ。

†社会的な役割としての「教えること」

では、なぜ教師は教えるのか。教えなければならないのか。この問いは、子どもがなぜ勉強するのかという問いとはまったく異なる意味と次元を持つ。というのも、教師が教えることの意味は、個人の納得というレベルの問題とは違い、税金によって運営される学校という公共機関の使命や役割に関わる問題だからである。教える側は公共的な役割を担った立場にあり、教えられる側は私人なのである。

子どもが学ぶ理由には、子ども自身の感じ方として、社会的使命はまったく関係ない。一人ひとりの子どもにとって、なぜ勉強するのかの答えは個人のものだ。受験のためでも、面白いからでも、役に立つからでも、なんでもいい。それに対して、子どもを学ばせる教師の側の教える理由には、社会から付託された使命（ミッション）という意味合いがつきまとう。つまり、個人を越えたレベルで、答えが用意されなければならないのである。

このように考えていくと、大村の教師としての出発点は、ある意味でとても幸運であった。なぜ教えるのかという理由と、教師としての使命との関係が、今よりずっと見えやすく、わかりやすかったからである。本書の対談にも出てくるように、大村は終戦後の新制中学校に自分から出向いていった。その理由は、敗戦後の日本社会を新たにつくりあげていく上で、ことばの力こそが重要だと思ったからだという。中学校を出れば、大人の世界の仲間入り。その圧倒的な事実を前に、大人になるためにどんな力をつけて送り出さなければならないのかを考えた。そこに、大村の出発点がある。

教師として教壇に立つ自分が、目の前の生徒や学生に、何をどのように教えるべきか。その時をおいては教えることのできない何かを、教えようとしているのか。そして、それをちゃんと教えることができているのか。こうした問いは、なぜ教えるのかという問いとつながっている。現代では、こうしたことを問うこと自体、教師の精神論として一笑に付されてしまうかもしれない。時代錯誤といわれるかもしれない。それでも、こうした問題を手がかりに、なぜ教えるのかを考えてみたい。教えない教師が増えていった背後には、使命感の持ちにくさがあるとみるからである。

さらにいえば、大村が中学校教師として再出発した日の使命感に、私自身、教師の一人として心を揺さぶられた。そして、感動といった感情のレベルを越えて、教育の可能性と重要性を、当時の大村とは異なる形で、私自身がとらえ直してみたいと思うようになった。

†知性によってしか解決できない社会的困難

「教えること」が社会的な使命を帯びていることを、今、どうやったらもう一度とらえ直すことができるのか。教師の一人として、教えることの大切さをもう一度確かめたい。そう私が願うのは、私たちが直面する社会の困難な問題の多くが、知性によってしか解決できないことがわかってきたからである。

大村が中学校教師として再出発した頃とくらべて、豊かになった今の日本では、同世代のほとんどが高校まで進み、さらにおよそ四割が大学までの教育を受けられるようになった。短大や専門学校などの二年間の高等教育を含めれば、同世代の七割近くが二〇歳まで教育を受けるようになったわけだ。それだけ教えるための場や機会が増えているということだが、その反面で、なぜ勉強するのか、理由がわからなくなった子どもたちを生み出していることになる。

高校入学から大学卒業まで、一人の子どもに平均一〇〇〇万円近くかかる教育費を、百数十万人いる同一年齢人口のうち約四割の五〇—六〇万人が享受できる。そういう豊かさを手に入れた社会だ。教育の潜在的な可能性は、戦後間もなくの頃とくらべものにならないほど大きい。機会や時間や資源の点では、世界中でトップレベルの基盤を持った教育制度を、私たちは手にしているのだ。これだけの教育資源を持った私たちは、学生たち生徒たちに何を教えたいのか。教師として何を教えることができるのか。

戦後の日本社会の生き残りという課題よりもさらに困難な問題を、現在、私たちは地球的規模で抱えている。戦後の復興が、他の国々からの援助や支援によって可能であったことを思えば、今の日本の豊かさを使って、私たちがほかの国々にできることはたくさんある。教育という資源を使って何を教えたらよいのかわからなくなるほど、安穏とした時代に私たちは生きているのではないはずだ。食料や環境の問題から貧困や飢餓、民族間の対立の問題まで、取り組むべき問題は多岐にわたる。しかもどれ一つをとってみても、知的な格闘を通じてしか解決できない課題ばかりである。

科学者、技術者、政治家といった立場からの問題解決が求められるだけでない。一人ひとりの、市民として、生産者として、消費者としての知的な行動（educated action）が間接的な問題解決につながる。食料の安全や環境問題をとってみても、問題の広がりが日常生活の隅々にまで及んでいることがわかるだろう。そして、一部の知識人に問題解決を任せることができないほど、問題の広がりは大きい。関わる人びとも多い。

それぞれの分野の専門家の間でも意見が分かれるような問題が少なくないなか、専門家の対立する意見のどちらを信じるか。どのような立場の研究者や専門家に、税金を使って、研究をしてもらうか。有権者として納税者としての判断によって、大勢が違ってくることもある。だからこそ、多少大げさにいえば、一人でも多くの子どもたちの知的な能力を高めることが、人類の生存にまで関わる問題解決に結びついている。とくに、これだけのエネルギーを消費し、さまざまな製品を開発・製造・輸出している日本にとって、その国民がどのような判断をするのかは、世界に大きな影響を及ぼしうる。

ただその関係が見えにくくなるほど、私たちは自分たちの豊かさに安住する余裕を与えられている。日本という社会を一歩外に飛び出してみれば、こうした余裕が、ごく限られた地域と時代の偶然の産物にすぎないことがわかるのに、である。少なくとも知的な想像力を働かせることが仕事である教師ならば、自分たちの豊かさが何によって支えられているのかは見えているはずだ。子どもたちが豊かさに安住してこうした世界が見えなくなってしまったとしても、教師まで同じようになるわけにはいかない。自分たちと自分たちを取り巻く世界の関係を教師が見失えば、子どもはますます豊かさに安住するようになる。

教育の可能性と課題を、積極的にとらえ直していけば、今の日本の教師たちにも、教えることの社会的な使命が見つかるのかもしれない。答えはそれぞれの教師によって違うだろう。答えは多様であってもよい。とにかく、こうした社会的な使命感と結びつけて、教師自身が、今日もまた教室に立つことで具体的には何ができるのかを考えてみればよい。そこから、教えることのリアリズムが見えてくるのではないか。大村から私たちが学び取ることができるのは、使命感を単なる精神論にしないための教えることのリアリズムである。

†練習の場としての学校

とはいえ、こうした議論が、精神論に陥らないためには、他方で今の学校のあり方を考え直す必要がある。学校の潜在的な可能性を今一度確かめることによって、教師の使命感を生かせる学校のあり方を探ることができる、と考えるからだ。

学校以外でも、知識や情報が簡単に手に入るようになった。その分、知識を伝達する場としての学校の役割が低下した、といわれる。子どもたちが、なぜ学校で学ぶのかわからなくなったのも、学校以外の場に情報があふれているからだと説明される。さらには知識を伝達するだけならほかの場所でもできる、だから学校は体験の場でなければならない、といった主張まで出てくる。学校は知の場であるよりは、人間関係のための場であるというような割り切り方さえも現れる。情報化という社会の変化の中で、学校の意味が薄れ、そのために、なぜ学校で教えるのかという疑問への解答がむずかしくなっているのだ。

これに対して、大村の実践から見えてくるのは、学校は大人になるための練習の場だという考え方である。知識や情報を伝え、受けとることだけが学校の役目ではない。どのように伝え、受け取るのかという、学校での教え―学ぶ過程には、ほかの場ではできにくい「練習」の意味合いが含まれている。しかも、練習の仕方をコーチしてくれる専門家＝教師がついているのである。

情報や知識を伝達するだけで、身につけさせたい力が育てられるのであれば、本であれ、テレビであれ、コンピューターであれ、教えることは成立する。それに対し、学校や大学という集団の場で行なわれる学習の特徴は、ほかの人たちとの経験の共有を通して、知識を得たり再構成したりできることにある。ほかの人たちとの話し合いや議論や共同作業を通じて、一人で考えていたのではできないところまで、考えを深めたり、新しい発見をしたり、あるいは、一緒に考えることに喜びを見いだしたりする。そこで起きている頭のはたらかせ方は、その場その場の多様な状況の変化に応じた複雑さを持つだけに、一方的な情報伝達のプロセスには納まりきらない。それだけ複雑で多様な情報量を処理しなければならない。

教える側から見ても、学習者の表情が見えるだけで、それを手がかりに話し方を変えたり、ほかの学習活動に移ったりすることができる。学ぶ側の反応を見ながら、ある知識を別の知識や体験と関連づけることもできる。教室という場に居合わせることでしか共有できない、複雑な状況をうまく利用できれば、まさにインターラクティブ（相互的）な授業が成り立つのだ。教室は単なる情報伝達の場とは異なるということだ。これは、やり方次第で、一斉授業や講義形式の授業にもあてはまる。

内容としては同じ情報が伝達される場合でも、こうした学習の場の特性を生かした教え方・学び方は、より単純な双方向の伝達―受容とはくらべものにならない可能性を秘めている。伝達される情報の意味を、その場の状況に応じて他の情報や体験と関連づける可能性を高めることができるからだ。それだけでも、有意味な学習につながる可能性が高い。

たとえば、歴史的事件の関連性を学ぶのは、その時代に生きた人びとの体験を越えて、「後世の人間」という私たちの特権的な視点から、ある事件と別の事件との影響関係を理解することだろう。どんな情報やルールを組み合わせていって、解釈や結論にいたるのか。十分にインターラクティブに機能している教室でなければ、子どもたちは教師に手を引かれて、そのような歴史研究の追体験を共有し、複雑な影響関係に分け入っていくことがむずかしいだろう。教師がしっかりと方向を把握し、子どもの頭の働きをリードできてこそ、講義のような形式でもそれは十分可能になるのだろう。

†失敗を組み込んだ練習の場

余談になるが、テレビ放送で講義のようなことを経験したことがある。そのとき、テレビカメラに向かって語りかけるのと、実際の教室で学生たちを前に話をするのとで、こうも違うかと思った。聞き手の反応がわからないだけ、伝えるべき知識を、どのようにほかの知識と関連づけて話すかは、事前の準備によって決まってしまう。状況に応じたアドリブがまったく効かないのである。教室でなら、学生も、首をかしげたり、うなずいたり、あるいはあくびをしたりすることで、話し手にメッセージを伝えることができる。そうした反応を伝えることで、一方的に見える講義のような場でも、相互的な学習が行なわれている。同じように一方的な講義に見えても、テレビカメラの前で話をするのとは情報の受け取り方が違うのである。こうした学校の特性は、まだまだ捨てたものではない。

しかも、学校でなら失敗が許される。というよりも、学習の失敗をあらかじめ組み込んだ上で、教えることを成立させている場が、学校なのだ。どの生徒も、教師の一回の説明だけである知識を理解できるのであれば、学校などいらないくらいだ。教えることを専門とする教師も必要ない。教えたいと願うことがらにくらべ、それを学ぶことがむずかしいからこそ、教えることを専門にする教師が必要となるのだ。学習の失敗を組み込んだ練習の場が、学校なのである。

したがって、うまく学ぶことのできない生徒たちを何とか学ぶことができるように指導するのが、本来の教師の仕事である。学校は、クイズ番組のように一度間違った答えを出すとゲームオーバーになるような場所ではない。失敗を許しつつ、わからないことをわからせる場、できなかったことをできるようにさせる場が、学校である。だから、時間をかけて教えるのだ。

このような特権を与えられた学習の場を、どのように組み立てていくか。それを決めるのは教師である。やり方次第では、まさに失敗から多くを学ぶことができる。そういう寛容な学習の場をつくりだすことも可能だろう。学習の失敗を組み込んだ練習の場としての学校が、社会から教育を任される理由もそこにあるはずだ。このような視点から、学校のあり方をとらえ直す。それができれば、学校を、教えるための場として再生する手だても見つかるのではないか。

それでも、もちろん、どの生徒も喜んで学びに来るわけではない。学校にいること自体は友達と過ごせる楽しい時間かもしれないが、授業を楽しむ生徒は多くない。他方で、授業という時間は、教師にとっても、生徒にとっても、教室にいなければならない時間である。教師にとっては、まさにそれが仕事である以上、教室で教える時間を過ごすことが給料のうちとなる。生徒にとっても、授業の場に居合わせることは、そこでの学習にどのような意味があるのかを考える以前に、自明のことがらである。

勉強はつまらないし役にも立たない。そう思い込んでいる生徒たちを前に、教師は、どのようにして、それでもなぜ教えるのかという問いに答えることができるだろうか。今、このことを教えておかなければならない、そう思えるほど、切実な課題を背負って教室に向かっているのだろうか。どれほど社会的使命に自覚的でも、それをつね日頃維持して教室に向かうことは大変なことだ。疲れることでもある。加えて、教えること以外の仕事も多く、そちらのほうが仕事をしている気にもさせてくれる。

こうして、この授業で教えるべき内容がどれだけ重要な知識であるのか、そうした疑問さえ感じることなく教室に向かうことが日々の日課となる。なぜ教えるのかを考えなくても、教室に立つことができてしまう。このような日常化を経て、教師はだんだんと教えないことに鈍感になっていくのかもしれない。学習の失敗を組み込んだ、練習の場としての学校の可能性も、これではしぼんでしまう。

†もう一度教師になる

では、どうすれば、もう一度教えることの復権は可能になるのだろうか。教育制度や学校組織レベルの話はここではしない。もちろん制度や組織レベルの問題は、個々の教師の仕事のしやすさを確保する上で重要な問題であることは間違いない。とくに教えなくなる教師を生み出している原因には、日本の学校のあり方や教育改革のやり方にも一因がある。だが、それは教育社会学者として別の場で考えてみたい。ここではあえて、一人の教師として何ができるのかに限定して、教えることの復権について考えてみたい。

奇をてらった解決策があるわけではない。とはいえ、具体性を欠いた一般論にしかならない解決策を並べてみても、精神論や心構えにしかならないだろう。学校段階や教科によっても、教えることの復権の中身は違うだろう。具体的にどうすればよいのかは、専門職であるはずの教師たちが自ら求めていくしかない。それをわかった上で、一人の教師として答えを出してみたい。

私の当面の答えはこうだ。「明日もまた教室に立って教えたい」と思えるような魅力を、自分の仕事の中に作りだすこと。それが教えることの復権の決め手になるのではないか。それを、教える楽しさといってしまえばちょっと軽薄に聞こえそうだし、かっこよすぎるように見られるかもしれないが。

教え―学ぶ関係の中で、ともに作りだされる知的な興奮が、私の場合、「教えたい」と思う魅力である。学生たちがそれまで考えてみたこともない問いに頭をひねって考えている姿は、とてもチャーミングだ。ときには、学生の解答を手がかりに、授業中に私自身が思わず自分の考えに没頭してしまうこともある。大学だからできることかもしれない。ただ言いたいのは、教えるための準備をした上でやっと訪れてくれる、そうした魅力的な時間に立ち会いたいという願いは、どの教師にもあるはずだし、それを大事にして欲しいということだ。真剣に教えようとするから、そこで知的な刺激や興奮が起きる。それは、突然やってきたり、静かに訪れたりする。こういう喜びが教室で起こりうることは、小学校でも、大学でも同じだろう。こちらが一方的でも、逆に学ぶ側におもねっても、こうした喜びの時間は訪れない。

教師は教室で強大な特権を与えられている。教室にいる間は、生徒たち、学生たちの頭のはたらかせ方を直接コントロールする権限を与えられているということだ。もちろん、完璧なコントロールなどできるはずもない。それでも、コミュニケーションの主導権を握っていることで、学ぶ側の頭のはたらかせ方を方向づけるくらいはできる。この特権から、先に述べた魅力的な時間も生まれる。偶然の要素はあるにせよ、教える側が準備しなければ、ますます稀にしか訪れない魅力の時間である。

この特権をどう使うのか。学ぶことや考えることの失敗を含め、その失敗から学んだり考えたりするチャンスが広がることも含めて、学校や大学という場をどう使いこなしていくか。教師であることをどのように生かしていくのか。具体的な方法については、専門家や同僚の力を借りながらも、自分たちで考えたり研究したりしながら追求していくしかないだろう。ただ、その前提として、教師が教えることの特権を謙虚に行使し続けようと自覚することが、遠回りに見えても、教えることの復権に欠かせない条件になるのだろう。親にも地域社会にも、メディアにも与えられていない特権である。つまらないと思っても、教室に足を運ぶ生徒や学生はたくさんいる。居眠りしようと、おしゃべりしようと、そこにいてくれる生徒たちである。

誰のために、何のために、この特権を行使するのか。たまには教師であることを、もう一度考え、選び直してみたい。そのとき、また明日、と思えたら、教える教師に一歩近づけるのかもしれない。

注1　このような事態に対しては、教師という仕事の役割と責任の範囲を再検討しつつ、学校という場に多くの役割を期待しすぎないこと、他の専門家の導入やこれまでとは違う分業のあり方を学校内につくりだしていくことなどで対応することが考えられる、この点で、校務分掌の見直しを行なった茅ヶ崎市浜之郷小学校の

事例は参考になる（大瀬敏昭・佐藤学『学校を創る』小学館、二〇〇〇年）。

注2　『小学校　教育課程一般　指導資料　新しい学力観に立つ教育課程の創造と展開』（平成五年九月、東洋館出版社）。

注3　詳しくは、拙著『教育改革の幻想』（ちくま新書）、および苅谷剛彦・清水睦美・金子真理子・諸田裕子「県教委は「生きる力」をこう読み替えた」『論座』二〇〇二年一月号参照。

注4　前掲、「県教委は「生きる力」をこう読み替えた」を参照。

注5　前掲、『教育改革の幻想』を参照。

あとがき

まもなく、ほんとうにまもなく、珍しい組み合わせの三人を著者にした本が出る。私はその組み合わせの一人で、あとの二人は苅谷剛彦、夏子である。今その本の出るのがとても楽しみである。

この本の発案は夏子さんであった。あるとき急に、ふいと、「剛彦と私と、先生と、三人の本ができたらおもしろいんじゃないかと思う」、このことばが飛びこむように耳に入ってきた。「えっ?」と、一瞬驚いたが、それがだんだん、ずんずんというほうがいいのかもしれない、大きくなって、わくわくするような思いに広がってきた。

今はもう当然の予定ででもあったかのように、驚きを静めながらじっと楽しみを抱いている。

いつのまにか、夏子は編集長におさまっていた。そして、序章の実際の原稿が早ばやと届いた。

それを読んで、そのさわやかな文章に胸がとどろいた。それはほんとうに新しい文章であった。戦後数十年、男女共学のもとに新しい若い人が育ってきたと思った。何か、さやさやと音を立てて風の吹いてくるようなさわやかさがあった。ああ、たしかに新しい文章、新しい文体が生まれてきていると思い、興奮した。漢語、外来語も、たくみに、さらりと使いこなされている。それより何より、明るく、軽やかに、上手も下手もそういうことは忘れて、考えこまずに、正直に、まっすぐに、ぐんぐんと真実を伝えてきていると思った。

時には「まあ、よくこんなに覚えていた！」と思わず感嘆した。三十数年前の中学校の教室をまざまざと思い出す。教師のことばも、動きも、友だちのことばも、もちろん本人にどんどんとわきあがってきたことばも、しっかりと抱きとめられている。心に、たしかに届いていたのである。これが教室の真実というものであろう。それをこれほどいきいきと書いたものは、なかったのではないか。その息をしている真実がどうぞたくさんのかたに受けとめていただけるようにと願っている。

熱心に、教師となる日を思っている大学生の訪問を受けることがある。話を聞きながら、口にはしないが「大学で何を勉強しているのだろう」とか、「教授がたは何を教えてくださったのだろう」とか、考えたことが一度二度ならずあった。

剛彦さんの力作の第五章を読んで、あわてたような驚きを感じつつ、今、これらのことばを取り消します。

彼も人を育てる仕事に苦労する仲間であった。読みながら何回も「そう、そうです」と思わず声に出しそうになった。人を育てる仕事はここにと叫ばないで、いつのまにか道を見せている。この若い学者の指し示しているものを、落ちついて学んでいこう。珍しい組み合わせの著者の本と言ったが、珍しいでは言い足りない、互いに信じ合い、尊敬し合いながら、ひそかに固く手を握り合いながら、それぞれの力を尽くした本である。そして、もう一人でも二人でも、できたらたくさんの仲間に出会いたいと立っている三人である。

筑摩書房の山野浩一さんに、ここで感謝の思いをとどけなければいけない気持ちになってきた。珍しい組み合わせの著者であったり、編集長が初体験であったり、九十六歳の老人がまじっていたり、それなのに、終始、私たちと同じ気持ちで、本のできるのを楽しみ、期待を持っていろいろの仕事に当たってくださった。「きっといい本になりますよ」と、最初から励ましつづけてくださった。ありがたい、心強いことであった。ありがとうございました。厚くお礼申し上げます。

大村はま

ちくま新書
399

教《おし》えることの復権《ふっけん》

二〇〇三年三月一〇日　第一刷発行
二〇二五年四月二〇日　第一九刷発行

著者　大村はま（おおむら・はま）
苅谷剛彦（かりや・たけひこ）
苅谷夏子（かりや・なつこ）

発行者　増田健史
発行所　株式会社　筑摩書房
東京都台東区蔵前二-五-三　郵便番号一一一-八七五五
電話番号〇三-五六八七-二六〇一（代表）
装幀者　間村俊一
印刷・製本　株式会社　精興社

ISBN978-4-480-05999-4 C0237

ちくま新書

349 現場から見た教育改革 永山彦三郎
いよいよ実施された新学習指導要領。この教育改革案が学校に混乱を引き起こすのはなぜか？　現場教師が切実な実体験に基づき提唱する二一世紀の学校システム！

359 学力低下論争 市川伸一
子どもの学力が低下している!?　この認識をめぐり激化した巨大論争を明快にときほぐし、あるべき改革への第一歩を提示する。「ゆとり」より「みのり」ある教育を！

384 プロ教師の見た教育改革 諏訪哲二
「学力低下」のもとの「ゆとり教育」！　文科省の矛盾した政策の裏には何があるのか。迷走する議論を生徒・教師・親という現場から整理し、実現可能な改革を考える。

389 勉強力をみがく――エキスパートへのみち 梶田正巳
学力低下は事実か。本当の学力とは何か。「生みだす力」「問いを立てる力」「見てわかる力」などたくましい知識へ至る具体的なみちすじと必要な資質を示唆する。

339 「わかる」とはどういうことか――認識の脳科学 山鳥重
人はどんなときに「あ、わかった」「わけがわからない」などと感じるのか。そのとき脳では何が起こっているのだろう。認識と思考の仕組を説き明す刺激的な試み。

363 からだを読む 養老孟司
自分のものなのに、人はからだのことを知らない。たまにはからだのことを考えてもいいのではないか。口から始まって肛門まで、知られざる人体内部の詳細を見る。

009 日本語はどんな言語か 小池清治
文法はじつは興味津々！　本書は日本語独自の構造に根ざした方法によって構文の謎に大胆に迫る。日本語の奥の深さを実感させ、日本語がますます面白くなる一冊。

ちくま新書

072
日本語の謎を探る
――外国人教育の視点から
森本順子
「今日は雨に降られた」、こういう日本語独特の受け身文をどうやって外国人に教えたらよいのだろう？　現場の第一線で活躍する著者が日本語の新たな謎に挑戦する。

253
教養としての大学受験国語
石原千秋
日本語なのにお手上げの評論読解問題。その論述の方法を、実例に即し徹底解剖。アテモノを脱却し上級の教養をめざす、受験生と社会人のための思考の遠近法指南。

274
日本語案内
中村明
ことばは人を映しだす。日本語はその奥にいる日本人を映しだす。日本語はいったいどんな言語なのだろう。身近な例をひきあいに、楽しく学べる現代日本語学入門。

290
さすが！　日本語
渡辺実
話し手の〈気持ち〉を、さりげなくしかもはっきり表現できる日本語。そのパワーの源は、「さすが」「せめて」など副用語にあった。日本語の底力を徹底解明！

383
日本語文法の謎を解く
――「ある」日本語と「する」英語
金谷武洋
学校で習う文法は、外国人に日本語を教えるのに全く役に立たない！　英語との発想の違いをていねいに解説しながら、日本語の構造を新しい角度から明快に説く。

032
悪文
――裏返し文章読本
中村明
悪文とはなにか？　悪文のさまざまな要素を挙げ、その正体に迫るとともに、文章を自己点検する際のチェックポイントを示した悪文矯正のための実践的な文章読本。

059
読み書きの技法
小河原誠
論理的で平明な文章を書く訓練は、書物を正確に読むことから始まる。新聞記事から人文科学書まで様々なレベルの文章を例示しながら展開する、すぐに役立つ入門書。

ちくま新書

292
ザ・ディベート——自己責任時代の思考・表現技術
茂木秀昭
「原発は廃止すべし」。自分の意見をうまく言えますか？データ集めから、立論、陳述、相手への反駁まで、学校やビジネスに活きるコミュニケーション技術を伝授。

320
書くためのデジタル技法
二木麻里　中山元
図書館に行く前にインターネットでどこまで調べられるのか。ものを書く道具としてパソコンを整備するには？達人二人がデジタル執筆術・検索術を徹底指南する。

333
独学の技術
東郷雄二
勉強には技術がある。できる人の方法に学ぼう。目標や意欲だけが空回りしがちな独学のビジネスマンや社会人に、遠回りのようで有効な方法と手順を具体的に指南。

341
「生き方探し」の勉強法
中山治
「自分の生き方」に戸惑いを感じる人が増えている。西欧直輸入の知恵でなく、日本人の気質にも合った対処法の、いつでもやりなおしがきく勉強法を展開する。

365
情報の「目利き」になる！——メディア・リテラシーを高めるQ&A
日垣隆
ウソ情報にだまされず、知りたい情報をしっかりゲット、大切なことを誤解なく伝えるには？　ネット時代の「目利き」になるための、楽しくも刺戟的な実践講座！

037
漱石を読みなおす
小森陽一
偉大なる謎——漱石。このミステリアスな作家の生涯と文学を新たにたどりなおし、その魅力を鮮やかにくみあげたフレッシュな再入門書。また漱石が面白くなる！

094
源氏物語——物語空間を読む
三田村雅子
愛に彩られた王朝のドラマをさまざまな植物や身体のイメージの交錯とズレに着目して読み直し、高度に洗練された物語の魅力をしなやかに説き明かす斬新な入門書。

ちくま新書

182 百人一首への招待　吉海直人

百人一首は正月のかるた遊びとして有名だが、その成立事情や撰歌基準には今なお謎が多い。最新の研究成果に基づき、これまでとは一味違う百人一首の魅力に迫る。

186 もてない男――恋愛論を超えて　小谷野敦

これまでほとんど問題にされなかった「もてない男」の視点から、男女の関係をみつめなおす。文学作品や漫画を手がかりに、既存の恋愛論をのり超える新境地を展開。

247 こういう男になりたい　勢古浩爾

父はリストラに怯え、息子はいじめで不登校。のきなみ男に元気がない。この男受難の時代に「男」である意味を洗い直し、「男らしさ」を再提示する渾身の一冊。

280 バカのための読書術　小谷野敦

学問への欲求や見栄はあっても抽象思考は苦手！　それでバカにされる人たちに、とりあえず、ひたすら「事実」に就くことを指針にわかるコツを伝授する極意書。

367 太宰治　弱さを演じるということ　安藤宏

もはや無頼派ではない。その文学を作家の卑下と敗北の表明でなく、他人との距離を埋めるためのパフォーマンスとして読む。「隔たりことば」の名人太宰の再発見。

371 大学受験のための小説講義　石原千秋

「大学入試センター試験」に必ず出る小説問題。これを解くには学校では教えてくれない技術が必要だ！　国公立二次試験にもバッチリ使える教養としての小説入門。

308 宮崎駿の〈世界〉　切通理作

大気の流れからメカ、建物、動物、人間、草木……そしてそこに流れていた歴史まで。〈世界〉を丸ごと作る宮崎駿作品を共感覚的に探る、これまでにない長編評論。

ちくま新書

116 日本人は「やさしい」のか——日本精神史入門　竹内整一

「やさしい」とはどういうことなのか？　手垢のついた「やさし」を万葉集の時代から現代に至るまで再度検証しなおし、思想的に蘇らせようと試みた渾身の一冊。

166 戦後の思想空間　大澤真幸

いま戦後思想を問うことの意味はどこにあるのか。戦前の「近代の超克」論に論及し、現代が自由な社会であることの条件を考える気鋭の社会学者による白熱の講義。

243 日本のエロティシズム　百川敬仁

日本文化に真のエロティシズムはあるのだろうか？「もののあわれ」に規定されてきた日本人の性と死を、源氏物語から近松、天皇制、三島由紀夫をとおして探る。

257 自分の頭で考える倫理——カント・ヘーゲル・ニーチェ　笹澤豊

ホントの自由とはなにか。カント、ヘーゲル、ニーチェの思考を手がかりに、不倫や援助交際から民主主義信仰まで、困難な時代の生き方を考える新・倫理学入門。

272 シュタイナー入門　小杉英了

「みずから考え、みずから生きる」ことへの意志を貫いた「理念の闘士」ルドルフ・シュタイナー。ナチス台頭下のドイツで彼が対峙した真の相手とは誰であったのか。

377 人はなぜ「美しい」がわかるのか　橋本治

「美しい」とはどういう心の働きなのか？「合理性」や「カッコよさ」とはどう違うのか？　日本の古典や美術に造詣の深い、活字の鉄人による「美」をめぐる人生論。

391 「心」はあるのか——シリーズ・人間学1①　橋爪大三郎

「心」の存在が疑われることは、あまりない。が、本当に「心」は存在するのだろうか？　この問題を徹底検証し、私たちの常識を覆す。スリリングな社会学の試みだ。